少年宫教育课程建设指导手册

张昱瑾 等著

A Curriculum Development
Guidebook for
Children's Palace

华东师范大学出版社

图书在版编目(CIP)数据

少年宫教育课程建设指导手册/张昱瑾等著.—上海:华东师范大学出版社,2016.4
ISBN 978-7-5675-5006-3

Ⅰ.①少… Ⅱ.①张… Ⅲ.①少年宫-校外活动-课程建设-手册 Ⅳ.①G244-62

中国版本图书馆CIP数据核字(2016)第069793号

本书为2014年度上海市教育科学研究项目《少年宫教育课程建设研究》课题研究成果,项目编号:B14149。

少年宫教育课程建设指导手册

著　　者　张昱瑾等
策划编辑　彭呈军
特约审读　朱莎莎
责任校对　林文君
装帧设计　高　山

出版发行　华东师范大学出版社
社　　址　上海市中山北路3663号　邮编 200062
网　　址　www.ecnupress.com.cn
电　　话　021-60821666　行政传真 021-62572105
客服电话　021-62865537　门市(邮购)电话 021-62869887
地　　址　上海市中山北路3663号华东师范大学校内先锋路口
网　　店　http://hdsdcbs.tmall.com

印 刷 者　常熟市文化印刷有限公司
开　　本　787×1092　16开
印　　张　13.25
字　　数　211千字
版　　次　2016年6月第1版
印　　次　2016年6月第1次
书　　号　ISBN 978-7-5675-5006-3/G·9314
定　　价　32.00元

出 版 人　王　焰

(如发现本版图书有印订质量问题,请寄回本社客服中心调换或电话 021-62865537 联系)

本书由上海华东青少年教育研究与发展中心、中国福利会少年宫组织编写

编写委员会

顾　问：谢维和　陈白桦　吴刚平
主　任：张昱瑾
副主任（按姓氏笔画为序）：
　　　　吴剑清　蒋　倩　程宏强
编　委（按姓氏笔画为序）：
　　　　尤敏红　邓　卓　刘登珲　阮燕萍
　　　　孙成成　如合亚木·海排提　陈丹青
　　　　林　斌　赵　勇　韩国强　傅寿松

目录

论少年宫课程的教育性(代序) / 1
前言 / 7

第一部分　少年宫教育课程建设纲要 / 001

第二部分　少年宫教育课程建设操作方法 / 021

第一章　少年宫教育课程建设的背景与意义 / 023
一、少年宫教育课程建设的背景 / 023
二、少年宫教育课程建设的意义 / 026

第二章　少年宫教育课程规划 / 031
一、少年宫教育课程规划的意义 / 031
二、少年宫教育课程规划的内容 / 033
三、少年宫教育课程规划工作的开展 / 038
附：少年宫课程规划实例 / 040

第三章　少年宫教育课程结构体系 / 051
一、少年宫教育课程结构的内涵 / 051
二、少年宫教育课程结构的现状 / 052
三、少年宫教育课程结构体系初步构想 / 057
附：少年宫课程结构设计实例 / 061

第四章　少年宫教育课程方案撰写 / 064

　　一、少年宫教育专业化的标志：课程方案的专业化 / 064

　　二、少年宫教育专业课程方案的内涵分析 / 065

　　三、少年宫教育课程方案的专业化标准 / 065

　　四、少年宫教育学期课程纲要和教学方案的撰写 / 067

　　附一：学期课程纲要设计表 / 071

　　附二：教学方案设计表 / 073

　　附三：学期课程纲要与教学方案实例 / 074

第五章　少年宫教育课程督导工作 / 121

　　一、少年宫教育课程督导的目的及意义 / 122

　　二、少年宫教育课程督导的内容和形式 / 123

　　附一：少年宫教师学期教育教学工作量表 / 129

　　附二：少年宫教育教学质量评估参考表 / 133

　　附三：少年宫教师绩效考核指标参考表 / 136

　　附四：少年宫教师职业发展(专业成长)规划设计参考 / 141

第三部分　少年宫教育课程建设个案研究 / 143

　　案例一　开启美妙的绘本之旅——校外美术教师课程开发的故事 / 145

　　　　附：少年宫儿童绘本创作课程主题内容安排 / 155

　　案例二　校外国粹课程开发与研究 / 170

　　案例三　整合场馆资源——开发校外科技教育活动课程的案例研究 / 185

后记：回家 / 193

参考文献 / 196

论少年宫课程的教育性

（代序）

多年来一直参与上海华东青少年教育研究与发展中心、中国福利会少年宫的校外教育活动，包括由他们牵头在华东地区校外系统中开展的关于少年宫教育课程的建设与研究。坦率地说，这种参与，当然有朋友感情的因素，中福会及其少年宫的各位好朋友，包括艾秘、小张等，他们的热情和真诚常常让我感到自己已经成为其中的一份子；这种参与，无疑也有一种寻求教育改革突破口的愿望，因为总感觉到正规教育系统中应试的羁绊难以摆脱，因而盼望通过校外教育的"自选动作"可以独辟蹊径。然而，直到最近看他们编写的《少年宫教育课程建设纲要》，才好像有点觉悟。因为，我似乎感觉到这里蕴藏了一个教育学的基本问题，一个有可能带来教育基本理论创新的机遇和实践经验，即少年宫的课程，包括相关的少年宫的各种校外教育活动，是否也可以认作是一种新型的教育形态呢？

一

如今，在纲要的基础上，研究团队又编著了《少年宫教育课程建设指导手册》。关于本书的丰富内容，我就不一一赘述了。但本书的编著者将少年宫的各项活动，包括科技活动、传统文化的传承、绘画等，按照现代课程理论推崇的方式，即根据课程论中课程构成的基本要素要求，如课程目标、课程结构、课程内容、学与教材料开发、课程开发、实施与评价、管理与保障，等等，规范和指导少年宫活动的建设，的确给我们提出了一个非常具有挑战性的问题：少年宫的活动，包括相关的校外教育机构的各种活动，能否算是一种教育形态或课程形态呢？或者换一个角度提问，我们传统的教育概念是否也应该随着教育的现实发展而不断变革和拓展呢？而本书编著者的实践又给予了我们一种什么样的启示和教育学创新的机遇呢？

显然，按照传统的教育学的概念，所有的教育活动都必须至少包括两个非常根本性的因素。首先是育人的因素，即教育不等于单纯知识的传授，而必须具有育人的功能，而且首先是育人；其次，教育活动必须具备一种系统的连续性的性质，作为一种有目的的促进人的发展的活动，它应该具有一种整体性的特征。然而，社会上一般认为的少年宫的活动，包括相关的校外教育的各种活动，在很大程度上更多的只是一种知识、技艺或能力的学习，而并不十分关注学生思想道德层面的变化与发展；同时，少年宫的活动包括相关的校外教育的活动更多地具有一种分散和零碎的形式，包括学习的内容、教师、学生和评价等，都表现出一种强烈的间断性的特点，而缺乏内在的系统性和整体性。从这些方面来看，少年宫教育及其课程，包括相关的校外教育的各种活动，要想说它们是一种教育，还真是不容易。如果说在过去计划经济大一统的管理格局中，少年宫的活动以及校外教育作为正规学校教育的延续和补充，其教育的资格也由于它们的这种依附性而还算说得过去。但是，在少年宫的活动，以及校外教育的各种活动作为素质教育的一个有机组成部分，越来越具有自身独立性和特定价值的今天，如果还不能真正具有自己独立的教育性，恐怕就说不过去啦！而这也正是少年宫活动和校外教育活动的内在短板，从根本上说，这也是少年宫教育以及校外教育在一定程度上缺乏权威性的深层次原因。

二

因此，少年宫教育及其课程的建设，如果希望成为一种真正的教育，必须在知识传授与技能培养的同时，切实贯彻思想品德的教育，以及在看上去显得分散和零碎的内容中间，贯穿一种内在的系统性和整体性。而这也是少年宫教育课程建设的关键。

首先是如何将知识的传授、技能的培养与思想品德的陶冶结合在一起。从教育的角度讲，这种结合一般可以通过两种途径得以实现。其一是通过少年宫活动的方向性得以保证，即坚持少年宫活动的公益性和正确的育人方向，不断通过知识传授和技能训练，培养儿童和青少年学生对国家的忠诚，对民族文化的认同，以及对社会的责任感。特别是通过活动内容的选择与组织，包括评价方法的引导，实现少年宫教育活动和课程的育人功能。实事求是地说，如果我们的少年宫活动，只管知识的传授和技能的训练，那么，按照叶圣陶先生的说法，我们少年宫和校外教育的老师就无异于"贩卖的商贾"了,更无从谈什么教育性了。

其次是在知识传授和技能训练的过程中,不断磨砺儿童和青少年的意志品质,提高他们自我管理的能力和自律的素质。而这也是教育非常重要的内涵。从教学的实践看,所有传授的知识主要是三种形式。第一是陈述性的知识,即各个学科或科目的知识点,包括各种不同的技能环节,这种陈述性知识或知识点的教学是任何教学最基本的要求;第二是程序性知识,即将各种陈述性知识或知识点联系起来的知识,包括各个学科本身不同知识点的联系、不同学科之间知识点的联系,以及学科知识与日常生活经验的联系;第三是一种所谓元认知的知识(能力),即对自己的认知,包括对自己学习活动的反思、对自己学习活动的计划、自我的监督反馈,以及自我的调控,等等。而正是在这种元认知知识(能力)的培养中,学生的道德素养,特别是自律的性格特征,才能够得到很好地提高。从这个意义上说,如果少年宫活动仅仅停留在第二个层次,即程序性的知识的层次,则只能是一种教学活动,而不具有教育性。只有把知识的传授上升到元认知的水平,并且自觉地培养学生的元认知知识(能力),才能够真正使少年宫活动成为一种教育活动。

最后,在看上去显得分散和零碎的内容中间,贯穿一种内在的系统性和整体性,则要求少年宫教育课程的建设至少考虑三个因素。第一,在课程内容的选择上,尽可能做到两个交集,即与其他课程知识的交集,如少年宫其他活动,以及学校教育的课程内容;以及与学生日常生活经验的交集;第二,课程目标的系统性,即少年宫中不同类型活动之间的目标应该是一致的,至少呈现出一种集中或收敛的关系,而不是发散的;第三,少年宫活动或课程的老师在少年宫各种活动的培养目标和价值取向上能够形成基本的共识,进而自觉地相互配合,达成合力。

只有满足上述的基本要求,少年宫的各种活动才真正算得上是一种课程,一种真正具有教育性的课程。

三

令人欣喜的是,中福会少年宫、上海华东青少年教育研究与发展中心牵头的课题研究正是在充分研究和不断探索与实践的过程中,逐渐摆脱了过去少年宫活动单纯强调知识传授和能力训练的片面性,持续地丰富和拓展了本身课程的教育性。

根据我的初步了解,他们非常强调和重视课程的育人功能,特别是通过"两个关注"和"两个注重",来实现少年宫教育课程的教育功能。所谓的"两个关注"指的是，一是关注少年儿童兴趣。通过提供丰富、多元、与时俱进的学习模块，普及与提高并举，来满足少年儿童全面而有个性的发展需求，提升少年儿童人文、艺术、科学等方面的基本素养；二是关注个性差异。通过设置个性化发展目标，体现因材施教、因势利导的教育理念，引导自主选择，来促进少年儿童个体潜能有效开发，发展主体意识。同时在综合实践活动中引导少年儿童拓展视野，初步体验特长知识与技能在实际生活中的运用，获取个人成长的直接经验，萌发发展个性特长的意识；增进对社会的认识，初步形成社会责任感，提升社会实践能力。

所谓的"两个注重"，则是指：一是注重广泛整合利用各种课程资源，通过提供面向真实生活的学习环境，来倡导学员自主学习、合作学习、实践体验学习。热爱生活，学习合理安排自己的校外闲暇时间，积极参加丰富健康有益的活动。同时在团队活动中增强自主学习能力，尊重他人，勇于探索，敢于创新，培养不怕挫折、坚韧不拔、敢于迎接挑战的意志品质，积累丰富的学习经历，拓展广阔的专业视野，培养良好的合作、交往能力，提高发现问题、分析问题、解决问题的素养；二是注重通过构建社会化多层次展示平台，来强化学习成效，建立激励少年儿童全面而有个性发展的评价体系。

在克服少年宫活动的分散性和零碎性，尽可能达成系统性和整体性方面，首先，他们结合少年宫教育课程的实际情况，将少年宫教育的课程体系按功能指向划分为普及型课程和提高型课程两种类型，又按实施期长分长课程和短课程，由此组成了普及型短课程、普及型长课程、提高型短课程和提高型长课程四类结构。从普及到提高的体系中又包含了从启蒙式学习到初级、中级、高级阶段的系统的专业提升式的课程学习。

其次，他们将少年宫课程的系统性与学生的选择性结合起来。虽然少年宫的整体课程设置是系统的，但对每个少年儿童来说少年宫设置的课程都是可选择的课程，少年儿童参与学习的课程类型可选、程度可选、时段可选。在具体课程实施中尊重学员的个性差异，重视学员学习的动态需求，根据学员不同的潜能发展特点，引导选择其个性化的学习路径与学习内容。倡导模块化结构设计，以增强学习过程中内容的可选择性，根据课程实施情况及时更新、重组与增减模块中的课程内容。

可以认为，这个研究团队在少年宫教育课程建设方面的经验是非常有价值的，特别是对进一步加强少年宫及校外教育机构的各种活动课程的规范性和科学性，引导校外教育从"游击队"走向"正规军"是非常重要的。

四

　　研究团队在少年宫教育课程建设方面的探索和实践,特别是本书所呈现的若干经验,实际上也给我们对传统课程理论的反思与创新提供了一个很好的机会。就我个人而言,比较突出的感受是两个方面:

　　第一,教育与教学应该而且可以内在地联系在一起,而不能分离开来。尽管多年来人们一直在强调教育教学的一体化,但在学校和日常的教育教学实践中,教育与教学常常是分离的。在正规学校教育中,虽然有专门的德育课程,但往往与学科课程是分离的。尽管我们的政策反复地强调德育的重要性,或者是"德育为先",或者是"立德树人",但德育与智育之间究竟是通过一种什么样的机制联系起来的?立德又是如何发挥树人的功能的?这些问题在我们教育学的理论中,常常是没有说清楚的,以至于在现实中,出现了许多中小学校长所说的"说起来重要,做起来次要,忙起来不要,出了问题则最重要"的尴尬局面。中国传统文化中虽然也非常强调做人和品德的重要性,但在实施机制和办法上往往是大而化之。如《论语》中所谓的"绘事后素"(八佾)的说法,也是存在多种相互矛盾的解释,对现实的教育教学实践缺乏直接的帮助。本研究团队课程建设的实践虽然只是在他们的具体工作中对这个问题进行了探索,但也给予了我们一定的启发,并足以引发我们进一步的思考。如果在教育理论上不能充分和清晰地说明德育与智育的内在机制,以及教育与教学的关系,我们立德树人的政策和实践就会有比较大的问题了。

　　第二,教育学的课程,并非一定需要有某种形式上的系统性和整体性,它同样可以通过分散的知识形态表现出来。无疑,这里所强调的"系统性"和"整体性",当然是学习活动得以成立的必要条件。缺乏这种条件,任何新信息和知识的影响,对个体而言,充其量也只是一种刺激而已,而无法转化为个体的素质与能力。这也是教育学的基本理论。也正是由于如此,学校的课程设计总是十分重视教育教学的系统性和整体性,并且通过学校制度加以保障。但是,这种系统性和整体性是否一定需要系统和整体的形式进行保障呢?它们是否也可以通过某种内在的机制实现在那些比较分散和零碎的知识传授和学习活动中呢?本研究团队课程建设的实践给予了我们比较肯定的回答。

　　但更加有意义的是,这种实践对于当前信息社会中的网络学习,以及学习型社会中的个别化学习,具有非常重要的参考价值。坦率地说,慕课的建设和发展,以及它所面临的挑战和困难，也正是与这个问题有关。当然，慕课的发展给人们的学习带来了极大的方便，也创造了改变教育资源缺乏的机会，但是，为什么在慕课的学习中，会出现注册的人多，而真正完成学习的人又比较少的现象呢？以至于常常为此而受到社会和人们的诟病。其中非常重要的一个原因是慕课本身的教育性不足。具体地说，由于慕课的学习往往具有一种比较自由、分散和零碎的特点，它可以让学习者随时、随地、随机地进行学习。这当然也是它的优势之一。但这种优势同时也是慕课学习的内在的"软肋"。因为，这种随时、随地和随机的学习方式也必将形成一种学习过程的非连续性，以及由此产生的难以对学习者发生的长远变化或持久性变化，即由于慕课学习活动中的系统性与整体性不够，由此导致了学习者的学习缺乏连续性和持久性。而这些乃是学习的大忌，也是学习缺乏成效的一个十分重要的原因。而这种问题也是所谓学习型社会建设的一个重大挑战。从这个意义上说，本研究团队课程建设的实践及其经验正是给予了我们思考这个问题的一个典型案例和切入口。

　　不得不承认，我对"少年宫教育课程建设"研究团队课程建设的实践及其经验的认识还需要进一步地深入，对由此所提出的理论问题的思考也是初步的，由衷地希望这里的一点分析能够促进各位同仁对这些问题的进一步地研究，进而也能够有助于少年宫系统，以及其他校外教育机构的课程建设取得更大的进步，为全国的儿童和青少年学生造福。

谢维和

清华大学原副校长、清华大学教育研究院教授

2015 年 12 月 23 日

前言

儿童工作就是缔造未来的工作,因为未来是属于新一代的。缔造未来,就是要"把最宝贵的东西给予儿童",这是宋庆龄儿童教育思想的内核,也是中国福利会少年宫孜孜以求的育人宗旨。

校外少年宫教育应该奉献给儿童最宝贵的东西是什么呢?又应该以怎样一种形式更好地给予他们呢?

我从事少年宫教育工作已经 30 多年了,经历了少年宫发展的多个起伏阶段,在工作中一直试着通过实践解答这些问题,思考着少年宫事业的走向。特别是担任少年宫主任的这 10 多年,一直感觉到随着社会的变革和进步,少年宫一定要凸显自身对社会教育发展、对少年儿童成长的独特作用,少年宫的事业要被社会真正认可。我也一直在呼吁、倡导少年宫、校外教育要有符合自身特点的统一评价体系。通过评价来引导各少年宫按标准正确地开展工作,规范操作、评判优劣。要进行评价,前提条件是要有统一的行业标准、行业规范、行业话语体系,要有面向未来的教育设计。少年宫课程建设研究是我们实践探索的一个起步,也是梳理少年宫工作内容、工作标准、管理流程的一个重要切入点,研究的是少年宫到底要做些什么、怎样做合适的问题。研究好了,对行业规范的形成是有贡献的。《少年宫教育课程建设研究》系列课题研究抓住了突破当前少年宫教育发展瓶颈的关键点——课程建设,很有意义。

这个课题既有主课题,又有配套课题,特别是配套课题从不同的侧面、多个维度使主课题研究更扎实,更接地气。在研究过程中,课题组按照制定的步骤严谨地推进。课题研究真正做到了到少年宫教育一线的实践中去研究,依靠一线的教师,提炼已有的成熟经验,帮助完善;发现不足,探究解决方法;使成果既有前瞻性,又能符合少年宫实际需要。课题还吸引、凝聚了许多校外教育机构、少年宫参与到研究中,共同探究、共同提升。希望这一课题的研究成果也能共同分享、共同推广。

期望少年宫教育立足于缔造未来,在"把最宝贵的东西给予儿童"的教育思想引领下,通过提供科学优质规范的校外教育课程,服务于一代又一代的少年儿童,为祖国各行各业培养更多的优秀人才幼苗,也造就诸多乐观积极、热爱生活的社会主义事业合格建设者和接班人。

陈白桦

中国福利会副巡视员,中国福利会少年宫主任,

上海市特级教师、特级校长

2016年2月

第一部分
少年宫教育课程建设纲要

本纲要所指"少年宫教育课程"涵盖少年宫、青少年活动中心、儿童活动中心、青少年素质教育基地在内的公办综合校外学习机构和场所面向少年儿童开展的有计划、有组织、有目的的教育活动。少年宫教育课程建设是少年宫教育迈向专业化、规范化、可持续发展的基础工程。本纲要是《少年宫教育课程建设研究》课题的研究成果,旨在为青少年校外教育机构,尤其是少年宫的课程建设提供参考思路。

一、导言

1. 课程定位

少年宫教育属于社会教育的范畴,是国家教育体系的重要组成部分。少年宫教育与学校教育相互协调、互为补充、各有特点,共同为基础教育的培养目标服务。

少年宫教育课程是由少年宫开展的,指向少年儿童核心素养的培养,以促进个性发展、提升综合素质为宗旨的教育活动。它以《国家中长期教育改革和发展规划纲要(2010—2020)》《基础教育课程改革纲要(试行)》(2001)为依据,是学校课程的拓展、综合与提升。

少年宫教育课程着眼于满足少年儿童成长的需求,丰富少年儿童健康快乐的校外生活,激发、培养与发展少年儿童的兴趣爱好,促进少年儿童认识自我,帮助少年儿童个性化、系统性地开发自身潜能,增强其与伙伴、与社会、与自然和谐互动的能力,陶冶其情操,助其养成良好的个性品质,提升少年儿童的综合素质。

少年宫教育课程更多的是属于直接经验的课程,是一种供少年儿童自主选择的学习课程,并以综合课程、活动课程为基本形态。少年宫教育课程的属性中"生本课程"(即以学生发展为本的课程)的特性突出。少年宫教育课程在具有自身系统性的基础上具有灵活性、时代性、综合性与实践性的特点。

2. 课程理念

(1) 关注少年儿童兴趣,提供丰富、多元、与时俱进的学习模块,普及与提高并举,满足少年儿童全面而有个性的发展需求。

(2) 关注个性差异,设置个性化发展目标,体现因材施教、因势利导的教育理念,引导自主选择,促进少年儿童个体潜能的有效开发。

(3) 注重广泛整合利用各种课程资源,提供面向真实生活的学习环境,倡导自主学习、合作学习、实践体验学习。

(4) 构建社会化多层次展示平台,拓展学习成效,建立激励少年儿童全面而有个性发展的评价体系。

(5) 学习和借鉴基础教育课程改革的有益经验,完善课程建设机制,提升课程领导力与执行力。

二、课程目标

1. 总目标

通过少年宫教育课程的学习,少年儿童能够为成长为合格的社会主义建设者和接班人奠定以下基础:

- ◆ 生发好奇心和探究创新意识,发现兴趣爱好与潜能,发展特长。
- ◆ 发展主体意识,提高自主学习水平,增强合作、交流能力。
- ◆ 走进社会,亲近自然,在综合实践活动中获得直接经验,促进核心素养的养成。
- ◆ 锻炼意志,修炼心智,形成全面发展而又兼具个性的健康人格。

2. 分目标

少年宫教育课程在面向全体少年儿童的基础上,按功能指向的不同,可分为普及型课程和提高型课程。

普及型课程目标

通过参与少年宫普及型课程的学习活动,少年儿童能够:

- ◆ 在自主选择参与各学习领域的过程中,逐步发现自己的兴趣和特长,了解自己感兴趣的学习内容,初步掌握个性化的特长技能,提升人文、艺术、科学等方面的基本素养。
- ◆ 在综合实践活动中拓展视野,初步体验特长知识与技能在实际生活中的运用,获取个人成长的直接经验,萌发发展个性特长的意识;增进对社会的认识,初步形成社会责任感和社会实践能力。
- ◆ 热爱生活,学习合理安排自己的校外闲暇时间,积极参加丰富、健康、有益的活动;在团队学习活动中,初步形成合作、进取、创新的意识。

提高型课程目标

通过参加少年宫提高型课程的学习活动,少年儿童能够:

◆ 在专业教师的引导下,通过先修式的系统学习,提升自身具有发展潜能的专长能力,努力达到师生共同制定的个性化的专业能力水平目标,初步具备相应的专业素养。

◆ 在团队活动中增强自主学习能力,尊重他人,勇于探索,敢于创新,培养不怕挫折、坚忍不拔、敢于迎接挑战的意志品质,具有较为丰富的学习经历和更为广阔的专业视野,培养良好的合作、交往能力,提高发现问题、分析问题、解决问题的素养。

◆ 在丰富的社会实践中,养成具有广泛的兴趣和积极健康的生活态度,学会合理安排闲暇时间;增强关心社会和为他人、为集体服务的责任感和为国家尽责的使命感。

三、课程结构

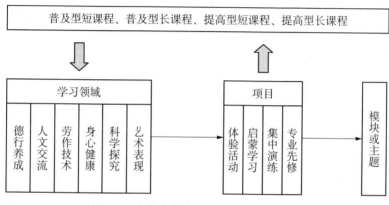

图 1.1　少年宫教育课程结构体系框架图

1. 课程结构

少年宫教育课程体系按功能指向分为普及型和提高型;按实施期长分为长课程和短课程。由此组成了普及型短课程、普及型长课程、提高型短课程和提高型长课程四类结构,如图 1.2 所示。

（1）普及型短课程、普及型长课程、提高型短课程和提高型长课程

◆ 持续学习时间不超过一学期的课程为短课程。持续学习时间超过一学期的课程为长课程。

——短课程侧重于给学习者以印象深刻的体验,更注重内容与形式的新颖性与趣味性,是灵活、开放的课程。

——长课程注重系统性的学习,可由多个短课程模块组成。

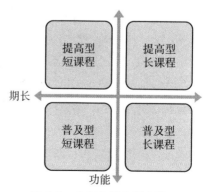

图 1.2　少年宫教育课程类型

◆ 普及型课程以向广大少年儿童普及基本理念、激发兴趣、培养基础素养、发现潜能为主要目的。普及型短课程、普及型长课程是少年儿童自主选择修习的课程。

——普及型短课程旨在满足少年儿童多领域尝试、体验的需求，着眼于激发少年儿童的兴趣取向，开拓其视野。包括场馆体验、营地活动、社会实践、公益服务等短期活动。

——普及型长课程主要由各学习领域的启蒙学习项目和主题系列体验活动组成。

◆ 提高型课程是以让有专长素养的学员通过系统的先修式学习来提升专业能力为目的的课程。提高型短课程、提高型长课程对参加学习的学员可以有修学的前置要求，根据有选学意向学员的条件择优挑选。

——提高型短课程主要表现为为完成某一项任务而进行的集中排练、突击式提高学习。

——提高型长课程是对既有兴趣取向又有专长潜能的学员进行系统的专业提升式学习的课程。

◆ 普及型短课程、普及型长课程、提高型短课程和提高型长课程主要由少年宫负责自主开发和实施，也可以委托具有资质的社会教育机构、团体负责设计和实施。

(2) 学习领域、项目、模块或主题

◆ 学习领域：少年宫教育课程涉及德行养成、身心健康、劳作技术、人文交流、艺术表现、科学探究六大学习领域。

◆ 项目：包括体验活动、启蒙学习、集中演练、专业先修四个项目组。

体验活动项目组包括社会实践、公益服务、场馆体验、营地活动等活动课程和综合课程。

启蒙学习项目组包括六大学习领域的各类兴趣小组启蒙课程，以及由各领域跨界融合而形成的综合课程。

集中演练项目组包括竞赛集训、演出排练等社团活动课程。

专业先修项目组包括六大学习领域的各类专项提高性先修课程，以及提高型探究学习课程。

◆ 模块或主题：每一项目由若干模块或主题组成。模块或主题的内容之间既相对独立，又相互具有内在联系紧密的逻辑关系。每一模块或主题都有明确的教育目标,并围绕某一特定内容,整合学生经验和相关内容,构成相对完整的学习单元,一个模块可以包含若干主题。各模块或主题应具有核心概念,以反映学习过程,体现教育价值。

2. 课程设置

(1) 少年宫教育课程设置(见表 1.1)

表 1.1 少年宫教育课程设置

功能	课程类别	项目	模块或主题	修习性质	现少年宫类似活动形式举例
普及	普及型短课程	体验活动项目组	由若干社会实践、公益服务、场馆体验、营地活动等活动课程和综合课程中的模块或主题组成	自主选修	冬夏令营、主题集会、节假日嘉年华活动、流动少年宫、群众性竞赛
		启蒙学习项目组	由六大学习领域的各类兴趣小组启蒙课程和综合课程中的模块或主题组成	自主选修	群众性普及讲座、短训、俱乐部活动
		集中演练项目组	由竞赛集训、演出排练等社团活动课程的模块或主题组成	自主选修为主	群众性交流活动的排练、集训
	普及型长课程	体验活动项目组	由若干社会实践、公益服务、场馆体验、营地活动等活动课程和综合课程中的模块或主题组成	自主选修	系列群众性主题活动、系列公益活动
		启蒙学习项目组	由六大学习领域的各类兴趣小组启蒙课程和综合课程中的模块或主题组成	自主选修	兴趣小组启蒙阶段活动

续 表

功能	课程类别	项目	模块或主题	说明	现少年宫类似活动形式举例
提高	提高型短课程	体验活动项目组	由若干社会实践、公益服务、场馆体验、营地活动等活动课程和综合课程中的模块或主题组成	自主选修与择优挑选相结合	冬夏令营、社会实践、专项交流展示与竞赛、专项讲座
		集中演练项目组	由竞赛集训、演出排练等社团活动课程的模块或主题组成	择优挑选	专项突击性排练、集训
	提高型长课程	专业先修项目组	由六大学习领域的各类专项提高性先修课程以及提高型探究学习课程的模块或主题组成	自主选修与择优挑选相结合	社团活动、初级以上兴趣小组活动
		集中演练项目组	由竞赛集训、演出排练等社团活动课程的模块或主题组成	择优挑选	精英社团集训、排练

(2) 设置说明

◆ 少年宫教育课程设置的原则是：基于少年儿童兴趣，超越学科界限；基于场馆环境，拓展时空资源；基于普及与提高功能，提供多样机会；基于学习主题，深耕探究驱动发展意义。

◆ 少年宫设置的课程都是可选择的课程，少年儿童参与学习的课程类型可选、程度可选、时段可选。

◆ 各类型课程项目数量的设置比例根据各少年宫所属行政管理条线的性质、所辖区域范围服务儿童人数规模以及场所环境等自身条件等情况按实际进行设置，各地可略有差别。

◆ 各具体学习项目的课型归类，由各单位根据设计意图和少年儿童实际需要灵活设置。

◆ 普及型短课程、提高型长课程是少年宫应侧重开发实施的课程。

◆ 少年宫主要利用学校教育时间以外的课后、周末、寒暑假开展教育活动。

——少年宫一年大多分为春季、夏季、秋冬季三个学期(也可将冬季单列一个学期,形成一年四个学期)。

春、秋季学期开放学习日期可参照学校,同时兼顾学校期末考试时间,以 15 至 16 周为宜,建议一周开放 5 天(周三至周日),主要集中在周三至周五下午四点至晚上八点间,以及双休日白天。以提供长课程学习为主。

夏、冬季学期开放学习日期可参照学校暑、寒假时间,考虑到学校开学准备时间,夏季学期以 7 至 8 周为宜,冬季学期以 2 周为宜。建议一周以周一至周五的 5 个白天为主。可提供大量的短课程。

◆ 少年宫的课程可以"课时"为单位计算,平均每 45 分钟为 1 课时。每半天为 4 课时。每次学习活动的课时量可根据学习项目、模块内容和课型特点并结合实际来设置。每 1—2 课时后要安排休息时间。

每次参加学习活动时长超过 2 课时的称为"长课"。启蒙学习项目、专业先修项目中的长课,一周活动次数建议一般不超过 2 次。

建议在学期课时总量不变的前提下,积极探索长短课相结合的课程,尤其在体验活动项目的模块组合中可尝试运用。

◆ 少年宫的课程倡导实行课程学习学制化,对每项课程尤其是长课程每阶段的持续学习期长进行量化规划,以保证教学活动的可持续、可循环。长课程设定学期数,短课程设置天数及课时数。

四、课程内容

少年宫教育课程内容的选择遵循时代性、适切性、开放性原则。

(1) 时代性：课程内容的选择体现当代社会进步和科技发展，反映各领域的发展趋势，关注学员已有经验，注重课程内容与社会生活的联系。同时，根据时代发展需要及时调整、更新。

(2) 适切性：内容选择要充分满足少年儿童广泛的兴趣取向与发展需要，同时尊重学员的个性差异，重视学员学习的动态需求，根据学员不同的潜能发展特点，引导其选择个性化的学习路径与学习内容。倡导模块化结构设计，以增强学习过程中内容的可选择性，根据课程实施情况及时更新、重组与增减模块中的课程内容。少年宫课程选择的内容中有一部分可以是学校学习内容的延伸，但绝不是简单地重复学校的学习内容，且比例应是较小的。

(3) 开放性：要充分整合利用与开发各种社会资源，包括师资、场馆等。重视开发基于现代信息技术的网络资源，并使其得到合理运用。

五、学与教材料开发

1. 开发主体

学与教的材料主要由少年宫根据少年儿童实际需求、社会发展需求并结合本地本单位实际情况自主开发。具体由负责各课程的教师个体或群体承担开发与实施任务,也可委托有资质的社会教育机构和社会组织承接,甚至是引进国内外成熟的学与教的材料。其中教师个体或群体对学与教材料的开发可以是独立自主创新,也可以是在广泛整合、借鉴社会资源基础上进行的再开发。

2. 开发类型

开发的学与教材料类型可包括:学员学习材料(简称"学材")、教师教学参考(简称"教参")、学员学习资源包(简称"学具")、教师教学工具(简称"教具")。

学材建议开发为引导学员自主学习的项目学习手册。它的内容选择要注重激发学员学习兴趣,引发学员主动学习的积极性;内容的组织要强化活动设计和实践应用,促进学员体验与探究;内容的呈现要图文并茂,有利于学员理解;内容的表述要简明扼要、生动有趣。具体呈现形式可根据各项目模块的实际选择较合适的,可以是印刷的讲义、书籍,也可以是音像学材,或是基于网络信息技术的互动式电子学材,甚至是基于云技术的虚拟学材。

教参、教具、学具的开发思路可参考上述学材开发理念。

3. 材料审核

少年宫要建立学与教材料的专业审核机制,对准备选用的学与教材料的知识产权合规性、编写质量优良度、载体有效性等方面进行审核评估。

其中学材评价的指标涵盖"教学内容的选择"、"学习课题的提示"、"学习活动的设计"、"学习的诊断评价"等,可考虑从是否实现以下三个功能角度进行评判:

● 信息功能——为学习者选择、传递有价值的真实的信息、知识(真实性、思想性)。

● 结构化功能——帮助学习者建构自身的知识,使之结构化、体系化(系统性)。

● 学习指导功能——使得学习者掌握学习方法,学会学习(学习指导性)。

六、课程开发、实施与评价

1. 课程开发

少年宫开发课程的过程,包括分析课程开发的基础,制定课程开发、组织实施与评价的方案以及确定相应的保障措施等。

2. 课程实施

在单位层面,少年宫的课程实施应在课程开发方案的基础上,制定课程实施方案,合理安排课程,以保障少年儿童在少年宫个性化学习的需求。

在教师层面,指导教师根据学员个性差异编制模块或主题的课程纲要(或课程教学计划,以学期纲要为主),合理有序地规划课程实施的具体内容和方法。

课程纲要一般可包括下述内容:

◆ 课程名称:简洁、明了地点明课程的学习对象、领域、内容亮点三个要素。

◆ 适用对象:对可参与学习的学员某些特定素养层次做出明示。

◆ 总课时:建议用×周/学期,×次学习/周,×课时/次(×分钟/课时),总计×课时/学期的方式进行表述。

◆ 课程简介:介绍课程类别、所属项目组、学习的主要内容、课程价值(对学员成长、对社会)以及课程亮点。

◆ 背景分析:围绕课程建设的实际情况进行分析,包括本门课程开设的目的、意义、已有的师资与场地及社会资源的基础、已开展情况和所需要的条件。

◆ 课程学习目标:包括"知识与技能"、"过程与方法"、"情感态度价值观"三维课程目标的基本要求。

◆ 课程学习安排:包含对单元名称、单元目标、周次(短课程可改为具体时间节点)、活动主题、学习内容、实施建议六个要素的具体构想。

◆ 课程学习评价:与课程目标相对应,可从评价要素、方式、等第、标准等规则入手进行操作性设计。

◆ 主要参考文献：所借鉴和参考的书籍、网络等资源的名称。

少年宫教育课程在教学实施过程中，应倡导小组学习、合作学习、自主学习等模式；倡导开展综合实践活动和开放性、操作性的探究活动；倡导整合社会资源，以融合、跨界的方式进行整体设计与实施；倡导依据实际采用大小课结合的教育教学组织形式。

帮助教师树立以下观念：教师是课程开发的主体；教师与学员是平等的伙伴关系，都是学习共同体中的一员；教师是其中的学习示范、榜样，是学习经验的分享者。

3. 课程评价

少年宫教育课程的评价主要包括对少年宫实施课程的评价、对教师教学的评价和对学员学习的评价。

（1）对少年宫实施课程的评价。

◆ 对少年宫实施课程进行评价的主体可以是专兼职教师、家长、少年儿童、教育行政部门、教育研究机构、上级主管部门等。

◆ 对少年宫实施课程评价的内容主要包括课程建设理念的先进性、课程规划的可行性、课程内容的公益性与针对儿童兴趣的广泛性、实施过程的规范性、课程成效的社会贡献性与儿童成长性等。

（2）对教师教学的评价。

◆ 对教师教学进行评价的主体应包括少年宫主任、教师、学员、家长以及相关教育机构等。

◆ 对教师教学评价的内容包括课程纲要与教学方案设计的科学性和规范性、教学内容的时代性和综合性、教学实施过程的胜任性、课程开发与实施的投入度、自身专业成长的提高度、学员参与度和个性发展目标的达成度等。

◆ 对教师教学的评价由机构评价、教师自我评价和学员评价组成。其中机构评价可与教师研修相结合，以帮助教师学会诊断教学过程中存在的问题，改善教学策略，提升专业素养为目的。

（3）对学员学习的评价。

◆ 对学员学习的评价应是基于真实环境的评价，是"为了少年儿童学习"、"为了少年儿童全面而有个性发展"的评价。

◆ 对学员学习的评价应注重过程性评价,多采用表现性评价方式。

◆ 对学员学习进行评价的主体包括教师、家长、学员以及少年宫和社会其他教育评价机构。

◆ 对学员学习的评价应关注评价载体的设计,建议建立学员学习电子档案库、开发学员成长记录手册。

◆ 对学员学习的评价可创设进度性奖章激励机制,建构年度展示、结业典礼等评价仪式。

七、管理与保障

虽然少年宫在课程领导方面可赋予教师高度的专业自主权和教学自主权,但是为保证整体课程质量,少年宫必须提高机构整体的课程领导力,通过系统的师资建设、组织建设和制度建设,加强对课程从开发、实施到评价的全过程管理与保障。

1. 课程管理

建立健全包括课程开发、实施、评价在内的课程管理系统,运用信息化手段规范少年宫的课程管理流程。

建立课程督导制度,规范课程纲要,量化工作质量标准,推动日常教学活动交流,引导专职教师专业化发展。

建立学材开发和选用的申报、审核、评议制度,保证学材开发的质量。

根据少年宫自身定位,合理规定和配置普及型课程与提高型课程、长课程与短课程的比例。

——在普及型课程中,加强对学员课程选择的管理,指导学员对项目的选择。根据实际可在一些项目组中规定个体参与课程的数量,既尊重个体兴趣的选择,又保障群体参与的广泛性。

——在提高型课程中,倡导根据不同学习层级组建团队,允许不同的学员有不同的学习进度。

2. 师资管理

建立专兼职相结合的师资队伍,提升师资队伍专业素养。广泛吸纳高水平的社会专业人士加入兼职教师队伍。合理配置专、兼职教师比例。专职教师是少年宫各课程的负责人,要承担起课程实施的规划、组织、协调与管理等方面的责任。

分别制定专职教师与兼职教师的选聘制度、聘用流程及激励规程,将条件和要求阳光化、可测化。

建立教师专业发展导航计划，尤其在教师教育专业素养和学科专项素养两方面的提升上做好引导。健全专职教师研修、培训制度，以科研促教研，鼓励跨区域行业间的专职教师交流与项目合作。倡导并支持教师研究少年宫教育课程建设的相关问题，提高教师开发与实施课程的能力。

建立以少年宫为本的教学研究制度，鼓励教师针对教学实践中的问题开展教学研究，重视不同专业教师间的交流与研讨，建设有利于教师创造性实施课程的环境，使课程的实施过程成为教师专业成长的过程。应与教育研究机构、高等院校等建立联系，形成有力推动课程发展的专业咨询、指导和教师进修的网络。

3. 教学档案管理

建立教学档案，收集在开展课程研究与实践的过程中形成的文字、图表、照片、声像等材料，为进一步开发和完善少年宫的课程积累和提供可借鉴的资料。

教学档案内容可包括：与课程建设有关的文件；少年宫制定的包括少年宫课程发展愿景与目标、课程方案设计、课程方案的实施与保障的安排在内的课程规划；教师申请开设课程的有关资料、课程纲要、日常教育教学活动资料、经验总结等；各种教育教学活动规章及统计材料、表册、教学材料及教师专业建设的业务档案、学员学习档案等。

运用信息化手段收集、存储、分析教学档案资料与数据。

4. 课程保障

优化实施课程的场所环境：重视少年宫场馆的专业化建设，重视教育教学设施的完善与环境布置的适切性。

有效整合社会教育资源：与各校外教育机构加强合作，整合各自资源，优势互补，共同促进少年儿童非正式学习的成效，主动发挥在少年儿童校外教育中的主力军作用。

重视数字化信息化管理的建设：重视现代数字化管理平台的构建与使用，加强信息技术辅助管理的运用，帮助少年儿童更有效地参与少年宫学习并更个性化地发展，帮助教师有效实现专业成长。

建立内部制度保障：少年宫应制定相应的规章制度，为有效推进专业化、规范化的课程建设提供有力的保障。尤其要建立促进课程建设的教职工绩效评估制度,导向性地对各个岗位工作质与量的标准作出明示。对于一线专职教师工作量的核算方法,需综合考虑执教课程类型、课程特点、参与人数、课程开发工作参与度等因素。

争取行政主管部门支持:积极主动争取上级主管部门政策支持,争取政府专项设备、活动经费的投入,有利于保障少年宫的课程建设可持续发展、创新开展。

第二部分
少年宫教育课程建设操作方法

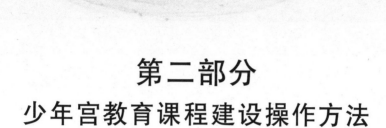

第一章
少年宫教育课程建设的背景与意义

少年宫是教育部门和共青团、妇联等党领导下的群团组织利用自身资源为少年儿童提供公共文化服务的公益性校外教育机构和场所。少年宫系统主要包括少年宫、青少年活动中心、儿童活动中心、青少年科技站(馆)、少年之家、青少年素质教育基地、营地等。它通过自身独特的校外活动课程体系,在少年儿童兴趣培养、个性发展、综合素养提升等方面发挥了积极作用,赢得了社会的高度认可。但在当前社会管理日臻完善,教育改革逐步推进,少年儿童及其家长对教育需求多元化、优质化及选择多样化、自主化的情况下,少年宫教育面临着确立并强化自身教育科学体系建设的现实要求。

少年宫教育课程是由少年宫开展的,以促进少年儿童个性发展、提升少年儿童综合素质为目的,符合必要质量标准的,有组织的、规范化和专业化的教育活动。少年宫课程建设涉及少年宫教育课程属性;少年宫教育课程目标、内容、实施和评价的设计;少年宫教育课程领导力的建设等。

一、少年宫教育课程建设的背景

1. 家长和少年儿童对教育的需求日益多元化,少年宫教育面临着"质"与"量"提升的时代命题

随着时代发展,人民生活水平的提高,少年宫教育逐渐成为家长们对儿童校外教育的需求品,需求"量"不断扩充;同时,因少年宫教育具有为儿童个人潜能发展"量身定制"的特征,所以也面临着接受服务的对象——少年儿童对少年宫教育提供的服务在"质"的要求上的提升。

(1) 家长在家庭教育方面的需要和少年儿童在个体成长中的需求都要求少年

宫能为学员提供丰富的、个性化的兴趣培养的课程体系。

越来越多的家长开始认识到全面发展对儿童未来成长、持续发展的重要性，不少家长希望孩子能通过少年宫教育发展兴趣、发掘能力，学到一技之长。儿童们虽然许多是在家长的要求下开始参加少年宫学习的，但随着参与时间的增多，他们也有了自身对少年宫教育的自我需求。家长们、孩子们对少年宫教育的要求是多元化的，在学习目的、学习内容、学习程度上，不同的家长、不同的孩子有不同的要求。孩子们到少年宫参加学习的目的，有的是作为一种娱乐休闲、有的是为了发展兴趣、有的是为了学习特长、有的是希望获得学习方法和技能；在学习内容上，有的希望学习艺术，有的希望学习科学知识，有的希望学习实践技能，有的希望学习人际交往。家长们在孩子参加少年宫学习的程度要求上也有所差异，有的家长希望孩子获得体验，有的希望孩子通过少年宫的学习发展业余爱好，而有的家长则希望孩子获得一项特长，甚至发展成未来的职业。然而，当前少年宫教育在满足家长和学员学习需求方面有待进一步提升。当前少年宫教育课程实践尽管能满足绝大多数的社会需求，但仍然存在一些问题，如在课程体系建设上存在市场导向、条件导向，忽视学员自身内在的学习需求。有的少年宫在课程设置上以市场为导向，什么课程能吸引更多的生源就开设什么样的课程，甚至有的少年宫沦为一个庞大的校外补习机构；也有的少年宫在课程设置上以条件为导向，自身有什么样的教师、有什么样的课程资源就开设什么样的课程，而不考虑这些课程是否真正满足学员的需求。少年宫教育课程体系建设应从被动地适应市场、资源转向主动满足学生多样化学习需求的轨道上来，通过实证分析少年儿童的需求，结合自身的课程资源不断丰富、整合课程内容，形成具有自身特色的少年宫教育课程体系。

(2) 社会发展变化要求少年宫教育加强课程建设，为培养能主动适应社会、改造社会的创新型人才做贡献。

进入21世纪，人类社会进入知识经济、信息社会时代，世界联系日益密切，科技对生活影响日益加快，信息技术应用更是对各个行业带来了革命性的变化，教育也不能例外，在教育目标、学习模式、学习方式上受到了前所未有的冲击。在教育目标上，社会变革要求未来教育能培养主动适应社会、改造社会的创新型人才；在学习模式上，强调终身学习对个体发展的重要意义；在学习方式上，要求个体学会合作学习、自主学习、探究学习。少年宫教育作为我国素质教育的重要组成部分，只有充分浸润在时代的血液里才能保持盎然生机。不容忽视的是，当前少年宫教育的培养目标并不十分清晰，个别少年宫甚至没有自身的目标，有的把盈利作为其最重要的教育目标,没有和时代要求结合起来;部分少年宫在学习模式上没有充分重视终身学习的重要性,对学员能力、学习方法的培养不够重视;有的少年宫所采用的学习方法较为落后陈旧,没能充分发挥合作学习、探究学习、自主学习在教学中的作用。因此,社会发展的变化要求少年宫教育必须加强课程建设,重新定义课程目标,培养能主动适应社会、改造社会的创新型人才。

2. 学校基础教育课程改革引发少年宫教育与学校教育关系的变化,少年宫教育需要建立自身的独立地位

(1) 少年宫教育的发展受到学校教育的影响。

少年宫教育的发展一直以来都受到学校教育的影响,这种影响是以课程为核心的。纵观少年宫教育发展史,少年宫教育的变革史也是与学校教育课程的互动史。因此,少年宫教育只有充分了解学校教育的课程目标、课程体系及课程实施特点,才能建立自身独特的课程模式,并且在与学校教育课程的"求异"中获得自身的发展。而学校教育课程变革不仅对学校教育自身带来影响,同时也成为少年宫教育课程建设的重要输入性因素。伴随着空前的第八次基础教育课程改革,学校教育课程发生了实质性的变化,这些变化势必对少年宫教育带来影响。首先,第八次基础教育课程改革打破了学科教育一统天下的格局,引入了校本课程、综合实践活动课程,为广大学校结合自身特色开设适合学生个性发展的课程预留了空间。校本课程、综合实践活动课程概念的引入,极大丰富了学校教育的课程体系。以往只有在少年宫教育中才出现的课程门类出现在学校教育课程中;以前只有到少年宫教育机构才能学到的课程,现在在学校里也可以获得。少年宫教育课程的特殊地位在丧失,这就迫切要求少年宫教育认清自身发展态势,在对比分析学校教育课程特点的基础上来重新建立自身优势。其次,第八次课程改革构建了科学化的课程建设模式,摒弃了以往"大教学论"中无视课程,把课程等同于教材、教教材的传统模式,课程建设的科学化、效率化得到加强;对如何研制课程目标、开发及利用课程资源、创造性开展课程实施、开展多元化的课程评价提出了指导性的建议,大大提高了课程建设的科学化水平。当前我国少年宫教育课程建设仍然处于经验化、随意化阶段,对教师个人依赖性较强,缺乏专业的监管机制,少年宫教育课程建设要取得发展,在与学校教育竞争、合作中发挥作用,就要加强课程建设的科学化水平。再次,通过第八次课程改革,确立了学校教育课程建设在理论研究和实践发展上一套完整的话语体系,这为各个层面和不同领域的教育主体相互交流、学习提供了规范。然而,少年宫教育与学校教育交流中长期处于"失语"状态,甚至在少年宫教育

系统内部也出现"自说自话"的现象,对相互学习、交流造成障碍,这就迫切需要少年宫教育确立自身独特的课程话语体系,不仅促进内部经验交流与传递,而且能主动地融入"大教育"中,找回旁落的话语权。

(2) 少年宫教育与学校教育的关系正发生变化。

少年宫教育与学校教育究竟处于什么样的关系,目前较为普遍的存在"延伸"论、"互补"论和"协同"论三种认识取向。而随着研究的深入和学校教育基础改革的不断推进,当前"协同论"受到人们的普遍重视,并把其作为指导少年宫教育课程建设的基本准则。"延伸"论认为少年宫教育应为学校教育服务,少年宫教育课程应以学科拓展类课程为主,为学员更有效地接受学校教育做好准备;而"互补"论认为少年宫教育有自己独特的功能和优势,少年宫教育课程以各种活动类课程为主,对拓展儿童兴趣、发展儿童各种潜能有不可替代的作用,少年宫教育应该与学校教育相互补充,分别负责儿童的兴趣与智力教育;而"协同"论者认为少年宫教育和学校教育是素质教育的一体两翼,两者应该从简单机械的"结合"走向"融合",儿童的发展是整体的发展,知识、技能、情感、态度和价值观是一个综合发展的过程,并非说学校教育帮助儿童学习知识,少年宫教育发展儿童的兴趣,兴趣培养与知识的学习是相互融通而不是相互独立的,因此校内外教育实践应当相互沟通,共同服务于少年儿童全面发展。少年宫教育从"延伸"、"互补"到"协同"的角色嬗变,也反映了少年宫教育由依附到独立、由被动适应到主动作为的实践转变,是少年宫教育确立自身主体性的应有体现。少年宫教育要真正体现出自身教育体系的独立主体性,就必须进行科学的课程建设。

二、少年宫教育课程建设的意义

在当前社会转型期,开展少年宫教育课程建设对少年宫这有着六十多年中国特色校外教育领跑者的行业,具有面向未来可持续发展的现实意义。

1. 有助于厘清少年宫教育独特经验与现实问题

少年宫教育是中国特色校外教育的产物,在过去其一家独大的时期就等同于校外教育。如今,它已成为校外教育中的一支,也理应成为其中的中坚力量、重要力量。

(1) 少年宫教育正迈向可持续发展阶段,科学的课程建设有利于少年宫教育进一步成为独立的教育领域,朝纵深化、多元化发展。

回顾少年宫教育的发展史,可以看到,少年宫教育正迈向可持续发展阶段。自新中国成立以来,我国少年宫教育取得了快速发展,其发展历程呈现明显的阶段性,当前我国少年宫教育正从单一引介、反思与重建阶段向持续发展阶段推进。新中国成立至20世纪80年代中期为单一引介阶段,由于受苏联教育模式的影响,这一时期我国少年宫教育政策、实践照搬苏联模式。受苏联教育模式影响,这一时期我国少年宫教育的特点主要表现在两个方面:一是在校内外关系上以学校教育为中心,少年宫教育配合学校完成学校教育。二是少年宫教育的内容以思想教育和劳动教育为主。1957年由教育部、新民主主义青年团发布的《关于少年宫和少年之家工作的几项规定》中指出"少年宫和少年之家是少年儿童的少年宫教育机构,它的任务就是配合学校对青少年儿童进行共产主义教育,培养他们具有优良道德品质;帮助他们巩固和扩大课堂知识,丰富他们文化生活;发展他们多方面的兴趣和才能,锻炼他们的技能和熟练技巧"。20世纪80—90年代是少年宫教育反思与重建的十年,这一阶段,研究者不断地反思苏联少年宫教育模式,呼吁少年宫教育的本土化,探求适合本国国情的少年宫教育模式。1989年第一所全国性的青少年教育研究机构——全国少年儿童少年宫教育研究会成立,同年我国第一本少年宫教育学专著《少年宫教育学》(沈明德,1989)出版,这标志着少年宫教育摆脱了学校教育的束缚,开始作为一个独立的研究领域,从而推动了少年宫教育实践朝纵深化、多元化发展。

　　20世纪90年代至今,少年宫教育逐渐脱离了苏联教育模式,少年宫教育逐步迈向持续发展阶段。这一时期,少年宫教育形式突破了单一少年宫、青少年活动中心模式,借鉴了西方的如社区教育、科技教育等模式,教育内容也突破了思想教育、劳动教育的限制,各种活动课程、艺术课程、科技课程等成为各类综合型少年宫教育机构的主要教育内容。少年宫教育开始逐步探求自身独特的发展机制,谋求自身体系的持续发展。课程是教育的核心,少年宫教育可持续发展关键在于其课程的持续发展。一所装饰再豪华的少年宫如果缺少稳定的课程发展机制,终究是要失去发展的动力的。可持续发展,即保持发展的持续性与稳定性。少年宫教育的可持续性,很大程度上要求少年宫教育课程要在与时代发展的互动、互变中保持动态平衡。当前制约少年宫教育课程可持续发展的因素很多,概括起来主要有以下几个方面。首先,课程目标迷失。一些少年宫没有明确的课程目标,别人做什么我就做什么,或者以前做什么现在就做什么,缺少具有教育性的课程目标规划;其次,课程体系不合理。课程门类之间缺乏整合,出现交叉重叠,重复教育的现象频发;再次,课程管理以行政管理为主,缺乏专业依据。对如何评价教师、学生和课程缺乏专业的标准,管理的发展效用没有充分发挥。少年宫教育要实现可持续发展,就必须要明确课程目标、建立科学合理的课程体系、建设专业化的课程管理机制。只有这样,才能保证少年宫教育课程持续更新发展,从而实现少年宫教育的可持续发展。

(2) 结合实际的课程建设有利于提炼少年宫教育经验,促进少年宫教育专业化发展。

实际上,少年宫一直开展的兴趣小组活动、社团活动、主题教育活动(甚至于阵地文娱、游乐活动)都可以作为课程来开展。而这些课程最大的特点是实践性、开放性、社会性、综合性、即时性。实践证明,少年宫教育的这些课程是社会发展和学生成长需要的。在60多年的发展过程中,少年宫教育形成了自身独特的优势:与学校相比,具有丰富性和活泼性的特点;与其他校外教育机构相比,又具有计划性和长远性的特点。然而,这些经验并未系统提炼,限制了其专业化发展的前景。

同时,在当今社会逐步形成的"小政府大社会"管理基本格局下,少年宫不仅面临着来自社会上同类服务、培训机构和组织的行业竞争,自身教育教学工作中也还存在着诸如在教育内容选择与安排上过分依赖指导者个体、专职师资队伍不稳定、活动项目设置与开展随意性大等不利于少年宫教育可持续发展的问题。开展少年宫教育课程建设,可以通过调研,对少年宫教育课程发展积累的经验和面临的问题进行科学梳理,整理出一套具有推广价值的课程建设操作手册,使其明确化。

2. 有助于少年宫教育的专业化、规范化发展

少年宫教育走过了60多年的历程,有辉煌,也有坎坷。随着社会的发展,如今越来越多的社会组织、单位参与到校外教育的行列中来,它们的到来丰富了校外教育的内容,让少年儿童有了更多元的选择,同时也带来了竞争和冲击,特别是一些校外培训机构的作为,使得人们对少年宫教育也产生误解,以为少年宫也和它们一样,是营利性的培训机构;当然,也因为一些少年宫提供的活动质量不高,少年宫也被认为只是让小孩子唱唱跳跳、陪孩子玩玩的地方。少年宫教育的专业性、科学性受到质疑,其边缘化的地位始终也未得到根本性的改变。

实质上,在当前,少年宫(包括青少年活动中心、妇儿活动中心、少科站、营地、基地)作为国家社会公共文化系统为少年儿童服务的校外教育机构与场所,它代表的应该是国家对校外教育的导向。为了正本清源,让政府、社会重视校外教育、少年宫教育,重新正确认识少年宫教育,十多年来,许多少年宫系统的领导、老师,特别是一些资深的少年宫教育工作者、已退休的老领导们,不断地奔走争取,呼吁为

校外教育立法、立学,建立公益性评估标准等,力图从政策上来为校外教育、少年宫教育确立地位。业内人士的呼吁不可谓不急切,相关部门则心有余而力不足。关键的原因是社会、政府对少年宫教育究竟是在做些什么并不十分清楚;少年宫教育机构内各单位又"各自为战",缺乏相互之间沟通交流的规范话语体系,导致从法律上难以对少年宫教育相关内容做出统一规定。

通过课程建设构建科学、规范的课程体系,能从根本上确立少年宫教育的独立性和特殊性,实现自身的可持续发展。

(1) 推动少年宫教育课程建设专业化水平。

专业化是由专业人员利用专业知识、技术不断发现问题、解决问题,从而提高专业活动效率的过程。少年宫教育课程建设的专业化,是指少年宫教育课程建设的专业人员根据课程知识、课程开发技术构建高效的少年宫教育课程体系的过程。长期以来,由于少年宫教育内部追求"活动"而忽视"课程",导致缺乏相关课程开发的知识与技术,而且缺少专门的课程开发专业人员,往往由教师个人根据自己实际情况进行课程开发,这使得少年宫教育课程开发专业化水平得不到提升。通过少年宫教育课程建设,培养一批掌握课程开发技术的研究人员和教师,并且通过课程开发提高教师的课程意识,让广大少年宫教师切实参与课程建设中来,用课程意识指导自己日常教学行为。同时,通过课程建设,建立以课程领导为中心的专业化的管理制度,提高少年宫教育管理水平,从而进一步提高少年宫教育课程建设的专业化水平。

(2) 构建少年宫教育系统借以交流、对话的话语体系。

话语体系是主体之间相互交流、对话所凭借的语言表述结构及规范,这个主体包括人物主体和学科主体。缺少话语体系就会对主体之间的交流、对话造成障碍,不利于相互之间的协作及经验、信息的及时传递与分享,也不利于行业与外部环境的互动与沟通;而话语体系不规范,往往会造成误解、误读,增加交流难度,降低交流效率,对行业的理论研究、实践发展带来不便。由于少年宫教育管理部门不一,不同管理系统内部又有不同的话语体系,再加上不同地区、不同层级少年宫教育机构在功能地位、发展目标上存在差异,导致少年宫教育系统内部,尤其是课程建设上缺乏可以促进有效交流、分享的话语体系。不同少年宫课程体系不一致,涵盖相同课程内容的课程在称谓上又有所差异,同一称谓下的课程内容设置又截然不同,这在形成多样化的课程体系的同时又反映出少年宫教育内部缺乏交流、沟通这一事实。通过少年宫教育课程建设,为少年宫教育课程建设引入相关课程理念、概念系统、理论知识及操作技术，并根据少年宫教育的特殊功能、发展特点构建适切自身的话语体系，从而规范少年宫教育课程建设话语体系，促进主体间的相互交流、对话。

(3) 建立推动少年宫教育持续发展的动力机制。

动力机制是推动组织目标实现的制度化程序，是组织发展的动力源。动力机制缺失，就丧失了动力源，不利于组织目标实现，也不利于组织的可持续发展。少年宫教育发展的动力机制是推动少年宫教育持续发展的一系列制度化措施，包括外部机制和内部机制两种形式。外部机制是少年宫发展的外部环境，内部机制是少年宫教育系统适应环境、制定目标、实现目标的制度化措施，这里讲的是少年宫教育持续发展的内部机制。制度与专业，是制约专业机构机制建立的一对主要矛盾，二者相辅相成，缺一不可。缺少专业的制度建设就会导致组织目标不明确，缺乏监管依据、行政命令化等问题的出现，而缺少制度的专业往往会出现效率低下、行为松散等现象，也不利于目标的实现，只有两者系统发展，把制度管理融入专业发展之中，才能形成高效的管理模式。由于课程专业实践知识、能力的缺失，当前少年宫教育课程建设普遍存在制度化管理过盛而专业管理缺失的现象。通过课程建设，可以为少年宫教育管理提供专业依据，更好地将制度管理融入专业发展之中，构建推动少年宫教育持续发展的动力机制。

参考文献：

[1] 钟启泉. 现代课程论[M]. 上海：上海教育出版社，2012.
[2] 张华. 课程与教学论[M]. 上海：上海教育出版社，2013.
[3] 吴刚平，徐佳. 权力分享与责任分担——转型期西方教育校本化思潮及其启示[M]. 山东：山东教育出版社，2011.
[4] 中国青少年研究中心编. 百年中国儿童[M]. 北京：新世纪出版社，2000.
[5] 许德馨. 少年宫教育史[M]. 海南：海南出版社，1999.

第二章
少年宫教育课程规划

少年宫系统作为中国校外教育的一支重要力量,在少年儿童全面而有个性的发展上发挥着积极而又独特的功能。伴随着中国教育改革的进程,近年来少年宫系统开始注重自身专业化、规范化的建设,尤其是随着教育课程观的逐步树立,少年宫教育课程的规划与实施,越来越受到关注与重视。制定一份合理、科学的课程规划并有效地进行实施,是目前困扰少年宫领导们的一个难题。

一、少年宫教育课程规划的意义

少年宫教育属于社会教育的范畴,是通过少年宫在对少年儿童进行有目的、有计划、有组织的丰富多彩的活动中所实施的教育,是国家教育体系的重要组成部分。少年宫教育课程是指由少年宫所开展的,以促进少年儿童个性发展、提升少年儿童综合素质为目的,符合必要质量标准的,有组织的、规范化、专业化的教育活动。作为一种教育产品和教育服务的提供者,少年宫有必要对提供的重要教育产品——课程的建设进行全面规划。

少年宫教育课程规划是指少年宫作为课程规划的主体,依据国家和地方的课程政策,结合自身的培养目标和资源条件,从社会环境、家长期望和少年儿童需求出发,对提供给少年儿童学习的全部课程的设计、实施与评价等做出的整体构建,实现学员、教师与少年宫的最佳发展。简而言之,少年宫的课程规划是关于少年宫的,其目的在于以课程为抓手促进少年宫的整体发展,成就学员、成就教师。在现代教育课程观的指导下,科学的课程规划有利于引导少年宫教育走向专业化、规范化,有利于少年宫教育的可持续发展,也有利于少年宫的教师与学员们的共同成长、发展。

1. 少年宫教育课程规划是提升少年宫教育专业化的需求

长期以来少年宫教育一直没有建立起科学的教育理论体系,教育管理没有专业的支撑,行动也就没有了方向与准则。一些少年宫在对自身机构的教育理念梳理凝练、发展目标的确立制定上往往是漫无目的,大多用拿来主义的态度草率行事,甚至于个别少年宫没有提炼过本单位的教育理念和目标。少年宫系统的各单位一直处于多个行政系统各自分管的状态,各自上级分管领导部门对少年宫的功能属性有不同的理解,导致一些少年宫对自身的教育属性、工作定位模糊不清,摇摆不定。在一些单位中对"少年宫是为什么存在的"的定位并不清晰。定位的缺失会造成少年宫教育缺乏整体的核心或者说是无"魂"。课程属于教育的一个层面,是教育构建环节的核心。课程构建包含多个层次,其中课程规划是属于宏观层次的。在课程规划中,要对整个课程的价值取向有基本的确定。从工作定位、教育目标开始认真地按科学的教育观、规律来梳理与规划少年宫的课程,有利于引导少年宫教育走向专业化。同时,在整个规划与实施的过程中,也能启发少年宫负责人和教师们思考少年宫工作的教育属性,促进自身工作更符合教育的专业要求。实践与理念的积累能对少年宫教育理论的构建提供坚实基础。少年宫教育课程规划必然要以"课程论"为理论依据,规划的目的、内容、原则与方法只有建立在课程论的基本原理的基础之上,并随着课程观念及其实践的变革而变化,其科学性与合理性才能得到完满地理解与解释。这一过程也是引导少年宫教育在实践中走向专业化的必由之路。

2. 少年宫教育课程规划是实施少年宫教育规范化的抓手

由于少年宫系统长期以来形成的在教育内容选择与教学安排上教师个体有几乎不受限制的自主权的传统,再加上近年来不断扩大的且流动性较大的社会兼职教师队伍,引起了一线师资队伍不稳定的问题,上述情况的出现导致部分少年宫系统的管理者和教师的课程意识尤其是课程整体规划意识较为薄弱。纵观目前少年宫系统的课程建设实际,课程设置的"随意"性是一大通病。在课程设置上统筹考虑不周到。从少年宫整体的课程结构规划、课程项目的布局、课程内容的选择,到具体的课程实施及评价设计,缺乏统筹意义,要么是由个别行政负责人一把抓,要么就是放任由各项目部门、各具体实施的教师甚至于兼职教师自行设置,一些课程要素在现实中还有缺失的现象;部分少年宫还存在课程无规划、无设计、无方案、无评价的问题。少年宫的课程规划通过对少年宫的课程建设进行全过程的统筹、设计,能为学习者提供完整、有序、有效的课程体系。课程规划在很大程度上服务并制约着少年宫的整体发展。它不仅涉及静态的文本方案,还涵盖动态的操作过程以及相关管理工作,并且强调对少年宫整体发展的思考。课程规划是促进少年宫以课程建设为抓手,统筹规划其他工作,从而使少年宫工作整体得以协调,进而确保教师教育教学坚守底线标准。

3. 少年宫教育课程规划是实现少年宫教育可持续发展的保障

少年宫的课程项目规模往往过于庞大。一般情况下,许多少年宫都乐于不断增加课程项目的规模和数量,习惯于用开设的项目量、班组数来作为显示自身成绩的一个要素。部分少年宫习惯于跟风市场,社会上哪些项目火了,也不多反复考量是否适合就"上马",一些少年宫由于没有相应的指导教师,就采用"合作"方式,做起了"二房东"。整体上缺乏内涵,缺少品质质量的标准,缺乏对少年宫的课程进行"量"的核准和"质"的精选,造成一些少年宫的课程在可持续性与个性化特色上都不强。少年宫开展课程规划是对少年宫的课程进行较长期、全面、系统筹划的过程。从发展的角度看,教育实践中出现问题完全是正常的,但需要积极去解决,而不是说存在即合理。这些问题只有在研究的基础上,在实践中、发展中去解决,且是不断地去解决的。少年宫的课程规划就是在少年宫整体层面上研究问题、解决问题,促进少年宫的课程持续改善的重要举措与保障。

4. 少年宫教育课程规划是促进师生主体性发展的途径

目前,少年宫结构构建科学性不够,课程项目安排的纵向联系、横向关联上缺乏逻辑性;项目分类的科学性、项目内部之间的相互衔接、整体的科学统筹上都有偏颇,缺乏全局和局部上的统筹,局部个体上"自说自话";对单个项目学习期限缺乏界定的意识,往往只惦记着提高留生率,而忽视学习期限的阶段性设置。课程具体设计不规范,一些课程设计浮于表面,缺乏对课程内涵、对学员发展的深入触及。少年宫开展课程规划要以教师与学员主体性的发挥与发展为规划与实施的目的。规划涉及少年宫的课程设计、课程实施与评价的全过程,其目的在于以课程为抓手,促进少年宫整体发展,成就学员。同时,教师在参与规划与实施的过程中,自身的教育素养、课程设计能力、教学能力也能同步得到提升,这样也就能促成了教师与少年宫、学员共同发展。

二、少年宫教育课程规划的内容

对少年宫来说,一个系统、全面的课程规划大致包括三项内容:课程发展愿景与目标的确立、课程方案的设计、课程方案的实施与保障的安排。

1. 发展愿景与目标的确立

少年宫的课程发展愿景与目标的确立是对少年宫的核心教育理念和育人目标准确的定位。

(1) 发展愿景。发展愿景是课程规划的灵魂，也是课程的归宿。它是基于对少年宫自身课程发展的文化之源和现实状况进行全面梳理的前提下，对少年宫未来发展的一种预设与期待。一个单位只要有历史，就必然有文化。少年宫文化的核心就是在长期的教育过程中积淀下来的教育理念与精神，它集中体现在少年宫全体教职员工和学员的基本价值追求、思维及行为方式上。如中福会少年宫就有宋庆龄先生建宫时留下的"儿童工作是缔造未来的工作"、"把最宝贵的东西给予儿童"、"儿童们在少年宫里不能只是享受幸福的童年，更要紧的是学习劳动的本领，为集体、为祖国做有益的事，准备为人民谋幸福！"的寄语。这些就是中福会少年宫所承载的教育文化、教育理念的体现。少年宫的发展愿景的确立不仅建立在回溯历史的基础上，更要结合现实实际，分析现状，把握准现实发展的关键，对影响少年宫自身发展的核心优势、突出问题、主要瓶颈（即SWOT优势、劣势、机遇与挑战）进行实事求是的具体分析。在以上梳理、诊断的基础上来确定教育愿景。

(2) 教育目标。教育目标是用来回答少年宫要培养怎样的人、如何来培养的问题的。它是少年宫自身教育理念的高度凝练，也是少年宫工作职能的清晰定位。目标的制订也要以国家的教育政策、教育理念、教育方针为基准。目前，《国家中长期教育改革和发展规划纲要（2010—2020）》、《基础教育课程改革纲要（试行）(2001)》是统领整个国家教育的政策性文件。对照国家教育政策，结合少年宫教育实际，"生发好奇心，发现兴趣爱好，发展潜能，增强合作交流能力，促进核心素养的养成，成长为健康快乐、富有个性特长的社会主义建设者和接班人"可以成为少年宫教育目标的一种参考。

这里需要提醒的是教育愿景与目标的确立，不是少年宫的个别负责人、教师或者其他上级领导的个人愿景，而是整个少年宫单位的整体愿景。这是基于对话、基于研究的，并且得到少年宫上级部门认可、全体教职工认同，乃至于社会（包括少年儿童家长和社区）共同接受的。目标与愿景要相互呼应。两者在表述上都要言之有物，切忌追求高大上的空洞口号，或是抽象朦胧的几个词汇。目标应是富有单位鲜明个性特征的，愿景应是对核心教育理念的深度解析与凝练。

2. 课程方案的设计

少年宫的课程方案是指少年宫作为规划主体对自身的课程体系进行整体性地

设计,并以书面的形式确定下来的文件。这一文件是少年宫开展教育教学活动的纲领性文件,是少年宫进行课程实施的前提,也为教育教学活动的开展及管理提供了依据。

概要地说,少年宫的课程方案是少年宫在开发课程时各种课程方案的统称,主要包括课程开发方案和课程纲要两个层面。课程开发方案是少年宫的顶层宏观的整体课程设计。课程纲要是一类系列课程、一门课程的设计,是中观和微观层面的。

(1) 课程开发方案。课程开发方案是对少年宫课程开发的总体思路进行概括性表述。一般包括课程开发的基础、总体目标、课程结构与类型、实施与评价建议以及相应保障措施等,其中少年宫的课程结构是课程开发方案的核心内容,包括课程的类型、学习领域、项目与模块、学习时长安排以及选学条件。

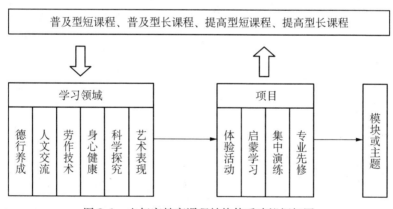

图2.1 少年宫教育课程结构体系建议框架图

经过梳理,建议可将少年宫教育课程的类型分为两型四类: 普及型短课程、普及型长课程、提高型短课程、提高型长课程。

这里需要说明的是少年宫系统中习惯称呼的"群文活动",实质上可以归属于普及型课程中。包含启蒙学习性质在内的普及型课程项目与更具有专业先修特征的提高型课程项目数量的设置比例建议为4.5∶5.5左右。以持续学习时间是否超过一学期为标准来界定短课程与长课程,短课程与长课程在项目数量上的设置比例建议为5∶5左右。各类型课程项目数量的设置比例根据各少年宫所属行政管理条线的性质、所辖区域范围服务儿童人数规模的不同,以及场所环境等自身条件的限制,可略有差别。

少年宫教育的学习领域包括德行养成、人文交流、劳作技术、身心健康、艺术表现、科学探究。项目包括体验活动、启蒙学习、集中演练、专业先修四个项目组。各学习领域下的教育活动项目，尤其是启蒙学习项目和专业先修项目应包含根据实际设置的N多项的综合学习模块。以模块或主题组成的项目是既相对独立又有内在联系的具体学习板块。一个模块可以包含若干主题，如：艺术表现领域的启蒙学习项目可以有舞蹈表演、美术写意、器乐演奏等模块，而美术写意模块又可包含儿童画涂鸦、绘本创作、立体绘画创意等主题板块。每个主题板块可以有分属四个课程类别中的一个或多个的子板块，对应于不同类别的课程学习时长要有不同的考虑，且对于参与的学员是否需要特定的选学条件也要一并思考。一般情况下，建议普及型的课程尽量面向全体，少些附加条件；而提高型的课程因其具有促进潜能提升的作用，对参加学习的学员可设置修学要求，择优挑选。

表 2.1　少年宫课程（学期）课程设置表

学习领域	功能	类别	项目	模块或主题	学习期长（学期数或周次、日期数）	参与学习条件等

少年宫在开展教育教学活动的时间上存在特殊性，与学校教育的时间互补，主要是利用学校教育以外的时间，即课后、周末、寒暑假来进行教育教学活动。在课程开发方案设计时，还要对少年宫整体学习时间的安排做出说明，包括学期划分和每学期具体学习时间确定。首先是划分一年中的学期，按学期制订少年宫宫历。根据实际操作的情况，少年宫一年大多可分春季、夏季、秋冬季三个学期（也有一些单位将冬季单列一个学期，形成一年四个学期）。其次是对每学期可供少年儿童参与少年宫学习活动的时间做出具体安排，含学期期长（周次）、开放学习时间。春、秋两个学期开放学习的日期可参照学校，同时兼顾到学生期末考试时间，建议周次上可比学校学期期长略短两至三周，以 15 至 16 周为宜。一般情况下，一周开放 5 天，周三至周日较为合理。可集中在周三至周五课后下午四点至晚上八点间和双休日的白天。夏季和冬季学期开放学习的日期可参照学校暑假和寒假时间，考虑到学校开学准备时间，可比寒暑假少一至两周，夏季学期以 7 至 8 周为宜，冬季学期以 2 周为宜。夏、冬季一周开放的 5 天以周一至周五更符合学生与家长的需求，开放时间以白天为主。夏季与冬季学期，可根据少年儿童自主安排的时间较多的特点，提供大量持续时间集中的短课程。

总体来说，少年宫的课程项目设置应是基于少年儿童兴趣，超越学科界限；基于场馆环境,拓展时空资源;基于普及与提高功能,提供多样机会;基于学习主题,深耕探究驱动发展意义。

需要特别提醒的是,少年宫教育课程选择的内容有一部分可以是学校学习内容的延伸,但不能简单地去重复学校学习的内容,机械地做成培训,甚至是补课。即使是有这方面的培训项目,其在课程结构体系中的比例也应是较小的。少年宫的教师在对上述延伸式的学校课程学习内容的整合、实施的途径与方法上更应该体现实践性、综合性、个性化这些校外少年宫教育的特性。否则,就会与国家"关于减轻中小学生课业负担"的教育政策相左。

(2) 课程纲要。课程纲要是在教师层面进行的课程设计,是由教师个体或小组合作进行,并以纲要的形式呈现出的某一门(模块、主题)课程的具体方案。它需要完整地呈现课程的各种要素,包括对课程名称、适用对象、总课时、课程类型、课程简介、背景分析、课程学习目标、学习主题/活动安排、课程学习评价、主要参考文献等的阐述。少年宫的课程纲要主要是一学期的课程设计。课程纲要的撰写后面章节有具体介绍。

少年宫的课程方案规划主要涉及少年宫课程的项目、模块、主题板块、课程类型、学习时段时长等。它的规划设计一定是自下而上的教师群体参与与整体规划设计工作者自上而下的梳理规整、协调整合相结合的产物,且应是上下不断良性互动、民主集中的智慧体现。规划设计一定要以儿童成长需求、社会发展需要为出发点,同时兼顾本单位本地区的实际进行,切不可单纯以个别负责人的意向或某些教师的好恶为规划设计的依据。课程结构的各个组成部分在分类标准上尽可能要保持一致,尽量体现课程结构在整体上的均衡性、选择性、综合性和层次性。

3. 课程方案的实施与保障安排

少年宫的课程实施与保障的安排包括少年宫课程规划组织制度的建立、课程实施方案设计和其他保障方案的制订。

(1) 组织制度的建立。组织制度是指维系人群集合体内部关系,按一定形式和层次构建的机构与制度体系。少年宫组织制度的建立旨在解决"少年宫应以怎样的组织制度去规划课程"的问题。其目的是建立起能够规划出高品质课程并高效实施的合作型团队。具体内容可包括团队的组成、权责制度、新课程申报审核制度、学材开发或选用评议制度、兼职教师选聘标准与规范程序及激励制度、促进教师专业化发展制度、课程督导制度等,以保障与促进少年宫整体课程质量的提高。

(2) 课程实施方案设计。课程实施方案是要具体地回答"如何有效地执行课程方案"的问题。建议在设计时着重关注课程实施的进程、原则、方式和考察标准等。少年宫的课程实施方案还可对课程资源的有效开发与利用,特别是整合各类场馆资源、社会人力资源进行一些提示与操作上的规范;另外在对学员选择学习项目与模块上,结合少年宫实际,设计引导与选择的方式方法。

(3) 其他保障方案的制订。其他保障方案包括课程发展的激励机制、课程开发的投入等发展环境的创造。

这些方案与制度的制订是建立在以促进学员学习为本、帮助教师发展为本的基础上的,由于其运作更多的是要依靠少年宫的在职教师,所以要考虑符合教师的利益(当然不能以牺牲学员利益做代价),要能充分地调动教师参与管理、实施的积极性、主动性与创造性。在操作上力争更具科学性,也争取逐步地从繁到简优化流程。

三、少年宫教育课程规划工作的开展

1. 进行课程规划的保障

(1) 更新观念。当前要在少年宫教师群体中传播树立的观念有:少年宫教师从事的是教育的工作;少年宫的课程建设是教育专业化的建设;教师是课程开发的主体;教师与学生是平等的伙伴关系,都是学习共同体中的一员,教师是其中的学习示范、榜样,和学习经验的分享者等。要学习的理念有:现代课程观、有效教学观、现代教育技术观等。

(2) 加强教师专业发展。教师是课程建设的主体。相比少年宫教师的专科素养来说,教师教育专业素养尤须加强。可通过系统的、分层分类的研修、交流、评审、激励等方式拓展教师专业发展的渠道,也为他们专业素养的提升提供更多机会。实际上少年宫的课程规划也为教师专业发展赋了新的内容与途径。

(3) 革新少年宫的课程领导。课程领导相对于"课程管理"是一种崇尚平等民主、互动协商的领导形态。课程领导不仅仅局限于行政管理人员,它是一种经过组织重建后形成的多层级的动态运行系统。对少年宫领导者来说,有效进行课程规划,就要转变自己的管理观念,调整管理方式,建立一支和谐、合作、共同参与的专业化发展团队。

(4) 寻找专业力量支持。少年宫关注课程建设,探索课程规划的起步较晚,缺乏可借鉴的模板。专业人员的支持可以使少年宫的课程规划工作少走弯路。借助教育课程专家的力量能得到理论上的指引、实践中的指点,能保证课程建设方向的正确性,确保课程规划发展的先进性。

2. 进行课程规划的步骤

少年宫进行课程规划建议沿着以下步骤进行:一是建立课程规划的组织,即建立由单位领导班子、教育教学部门负责人、骨干教师和教育专家为主体的少年宫课程规划团队。二是研究少年宫课程的顶层设计,即通过广泛收集分析资料、全面梳理现状,对少年宫的发展愿景与目标进行明确定位和统筹规划。三是拟定草案,即编制少年宫课程规划的整体方案,包括组织制度、课程开发方案、课程纲要、课程实施方案、其他保障方案等。四是多方征求意见,即广泛听取包括上级行政部门、教育专家、一线教师在内的各方面的意见与建议,不断修改完善规划。五是集体审核实施,即将完善后的规划交付教职工代表大会进行审核,达成一致意向后再进行实施。

参考文献:

[1] 徐高虹. 课程规划:学校层面的课程实施. 教育发展研究[J]. 2008.
[2] 崔允漷. 学校课程规划的内涵与实践. 上海教育科研[J]. 2005(8).
[3] 张相学. 学校课程规划的目的、内容与实施. 教育理论与实践[J]. 2009(9).
[4] 靳玉乐,董小平. 论学校课程的规划与实施. 西南大学学报(社会科学版)[J]. 2007(5).
[5] 和学新,乌焕焕. 学校课程规划:动力、向度与路程. 中国教育学刊[J]. 2011(2).
[6] 张相学. 学校课程规划的依据、原则与过程. 教学与管理[J]. 2009(12).
[7] 骆玲芳,崔允漷. 学校课程规划与实施[M]. 上海:华东师范大学出版社,2014.

附：少年宫课程规划实例

苏州工业园区青少年活动中心课程规划（试行）

课程规划是课程开发与管理的一项重要工作。中心依据《国家中长期教育改革和发展规划纲要（2010—2020）》《基础教育课程改革纲要（试行）》(2001)，参考华东青少年教育研究与发展中心编著的《少年宫教育课程建设纲要》意见稿，结合校外教育自身特点及中心社团课程开展情况，制定本课程规划。

第一章　中心的愿景与理念

愿景是课程规划的灵魂，也是课程的归宿。

一、愿景

国际化——中心是青少年国际化的名片

潜质发展——中心是青少年潜质发展的基地

创新服务——中心是青少年创新服务的窗口

二、特色

科技——科技成就金色梦想

运动——运动奠定阳光人生

艺术——艺术点亮缤纷花季

文化——文化拓展无限视野

三、目标

育人宗旨：孕育潜质奠基未来

培养目标：园区人　中国心　世界眼

四、使命

——提供丰富而适切的校外社团课程，满足少年儿童成长需求，丰富少年儿童健康快乐的校外生活，促进少年儿童认识自我，帮助少年儿童个性化、系统性地开发自身潜能，增强其与伙伴、与社会、与自然和谐互动的能力，陶冶情操，培养良好的个性品质，提升少年儿童的综合素质。

——打造一支具有高度专业水准的专兼职相结合的校外教师队伍，善于做人，精于从业，乐于生活，努力成为一个运用知识、经验和研究以改进实践的学习共同体。

——建立与学校、社区、家庭积极伙伴关系,整合各自资源,优势互补,共同促进少年儿童非正式学习成效,主动发挥在少年儿童校外教育中的主力军作用。

——发展与校外民办教育机构、校外优秀专家的合作关系,聚焦于为实现中心愿景而进行的富有价值的课程发展与教学革新。

第二章 课程目标与设计原则

一、设计原则

(一)基于理念。中心课程规划围绕地处创新实践前沿的苏州工业园区实际,秉持园区发展与国际接轨的理念,指向立体式培养目标,即"园区人、中国心、世界眼",来实现中心与园区同步发展的发展愿景。

(二)基于中心。课程规划服务于中心"内容国际化、资源社会化、运作多样化、服务人性化"的开放型青少年校外教育体系构建,兼顾现代园区文化与传统吴文化交融的地域文化特质,充分发挥校外教育枢纽作用,呼应课堂内外,整合社会资源,努力构建"服务优、学生乐、辐射广、品牌强"的花季社团课程体系。

(三)基于儿童。中心课程坚持以人为本,关注少年儿童兴趣,提供丰富、多元、与时俱进的课程,普及与提高兼顾,满足少年儿童全面而有个性的发展需求。

(四)基于研究。中心课程发展依据相关专题研究,如中心国粹课程开发研究、中心社团课程学习模块或主题研究等。

二、课程目标

目标	核心素养	基本要点	领域			
			科技	运动	艺术	文化
园区人、中国心、世界眼	学会学习	乐于学习,善于学习	√	√	√	√
	实践创新	学以致用,敢于创新	√		√	√
	公民道德	品德修养,社会责任	√	√	√	√
	身心健康	体魄强健,人格健全		√		
	科学精神	追求真理,实事求是	√			√
	审美情趣	感悟鉴赏,表达创新			√	√
	国家认同	国家意识,文化自信			√	√
	人文底蕴	文化积淀,人文情怀			√	√
	国际理解	全球视野,合作共生	√		√	√

这里列举的核心素养及其基本要点出自《中国学生发展核心素养框架》(教育部专家讨论稿),学生发展应具备适应终身发展和社会发展需要的必备品格和关键能力。这些核心素养能力具体诠释了中心"园区人、中国心、世界眼"立体式培养目标,也渗透到中心四大特色课程领域,即科技领域、运动领域、艺术领域、文化领域。

基于上述领域与一般能力,中心课程目标具体如下:

◇ 少年儿童通过参与社团课程活动,生发好奇心,发现兴趣爱好和潜能,学会学习,实践创新,发展特长。

◇ 少年儿童走进社会,亲近自然,在实践活动中培养科学精神,提高审美情趣,促进身心健康及品德修养养成。

◇ 少年儿童在国粹课程活动中获得直接经验及技能,认知国粹,感悟国粹,潜移默化中接受中华优秀传统文化熏陶,激发爱国情怀和民族自豪感。

◇ 少年儿童参与国际化教育活动,在感知体验中逐步培养用世界的理念、国际的视野和全球的胸怀来看问题。

第三章　课程方案

课程方案是课程规划的核心内容。在充分研究和对话的基础上,我们以文字描述及表格方式描绘中心的课程蓝图和概况。

中心课程体系按功能指向分为普及型和提高型,按实施期长分为长课程和短课程,由此组成了普及型短课程、普及型长课程、提高型短课程和提高型长课程四类。

普及型短课程指满足少年儿童多领域尝试、体验的需求,着眼于激发少年儿童的兴趣取向,开拓其视野,持续学习时间不超过一学期的课程。包括:体验项目组,比如主题冬令营夏令营、传统节庆主题体验活动、花季社团成果展示活动、普及社团体验日活动等;启蒙学习项目组,比如普及社团国粹体验班、普及社团社区体验班、寒假暑期快乐全托班等;集中演练项目组,比如普及社团参赛集训、普及社团演出排练等。少年儿童可以自由选修普及型短课程。

普及型长课程主要由各学习领域的启蒙学习项目和主题系列体验活动组成,其持续学习时间超过一学期。包括:体验活动项目组,比如科普进社区系列活动、青少年国粹系列活动、地震馆模拟体验课程等;启蒙学习项目组,比如普及社团培训班等。少年儿童可以自由选修普及型短课程。

提高型短课程是以让有专长素养的学员通过系统的先修式学习来提升专业能力为目的的,持续学习时间不超过一学期的课程。包括：体验活动项目组,比如精英社团主题冬夏令营、花季社团精品展示等;集中演练项目组,比如精英社团参赛集训、精英社团演出排练、精英社团演出排练等。提高型短课程参加对象主要由少年宫进行择优选拔来确定。

提高型长课程是以提升专业能力为目的,持续学习时间超过一学期的课程。包括：专业先修项目组,如精英社团预备班等;集中演练项目组,如精英社团(艺术团、未来工程师工作室、管弦乐团等)。提高型长课程参加对象主要由少年宫进行择优选拔来确定。

一、整体课程设置

功能	类别	项目	形式	修习性质
普及	普及型短课程	体验学习项目组	主题冬令营夏令营 传统节庆主题体验活动 花季社团成果展示活动 普及社团体验日活动	自主选修
		启蒙学习项目组	普及社团国粹体验班 普及社团社区体验班 寒假暑期快乐全托班	自主选修
		集中演练项目组	普及社团参赛集训 普及社团演出排练	自主选修
	普及型长课程	体验活动项目组	科普进社区系列活动 青少年国粹系列活动 地震馆模拟体验课程	自主选修
		启蒙学习项目组	普及社团培训班	自主选修
提高	提高型短课程	体验活动项目组	精英社团主题冬夏令营 花季社团精品展示	自主选修与择优选拔结合
		集中演练项目组	精英社团参赛集训 精英社团演出排练	择优选拔
	提高型长课程	专业先修项目组	精英社团预备班	自主选修与择优选拔结合
		集中演练项目组	精英社团(艺术团、未来工程师工作室、管弦乐团等)	择优选拔

二、分项课程设置

分项课程	领域	科目(社团)	学习期长	总课时	功能类别设置 普及 短课程(体验特色项目)	功能类别设置 普及 长课程(基础项目)	提高	核心目标
国粹艺术	艺术表现	评弹	2期	60	√	√	国粹艺术团	中国心
		昆曲	4期	120	√	√	国粹艺术团	
		京剧京胡	2期	60	√	√		
		民歌	1期	30	√			
		书法	12期	360		√		
		国画	9期	270		√		
	劳作技术	苏绣	2期	60	√	√		中国心
		蚕桑丝织	1期	30	√			
		桃花坞木刻年画	1期	30	√			
		传统线编	2期	60	√	√		
		传统美食	1期	30	√			
	人文交流	历史小故事	1期	30	√			中国心
		儿童国学	1期	30	√			
	身心健康	太极	1期	30	√			
		武术	6期	180	√			
	科学探究	珠算	9期	270	√	√		
		围棋	12期	360		√	围棋精英社	
		中国象棋	6期	180		√		
国际语言	人文交流	作文	9期	270		√	花季文学院	园区人
		绘本阅读	12期	360		√	花季文学院	
		小主持人	12期	360	√	√	主持精英社	
		少儿英语	15期	450		√		世界眼
阳光运动	身心健康	游泳	6期	180		√	花季游泳队	园区人
		跆拳道	9期	270		√		
		乒乓球	6期	180		√		
		街舞	9期	270		√	街舞精英社	

续表

分项课程	领域	科目(社团)	学习期长	总课时	功能类别设置			核心目标
					普及		提高	
					短课程(体验特色项目)	长课程(基础项目)		
音舞演艺	艺术表现	少儿舞蹈	10期	300		✓	艺术团—舞蹈	世界眼
		中国舞	15期	450		✓		
		芭蕾舞	12期	360		✓	艺术团—芭蕾	
		小歌手	9期	270		✓	艺术团—合唱	
		拉丁舞	12期	360		✓		
		音乐运动早教	6期	180	✓			
		奥尔夫音乐	6期	180	✓			
		小模特	4期	120	✓			
国际美术	艺术表现	创意手工	6期	180	✓		书画学院	园区人
		少儿美术	9期	270		✓		
		素描	6期	180	✓			世界眼
		小时装设计	6期	180	✓			
		动漫绘画	6期	180	✓			
		线描绘画	9期	270		✓		园区人
科创启智	科学探索	乐高搭建	6期	180	✓			世界眼
		机器人	9期	270		✓	机器人精英社	
		模型	9期	270		✓	模型精英社	
		智高科技	6期	180	✓			
		国际象棋	9期	270		✓		
		儿童学能	6期	180	✓			园区人
钢琴器乐	艺术表现	钢琴	15期	450		✓		世界眼
		电子琴	9期	270		✓		园区人
		古筝	12期	360		✓	艺术团—新民乐	
		小提琴	9期	270		✓		世界眼
		爵士鼓	9期	270		✓		园区人
		吉他	9期	270		✓		
		管弦乐	9期	270		✓	中外管弦乐团	世界眼

三、说明

1. 中心利用学校教育时间之外的课后、周末及寒暑假开展社团教学活动。一年分寒假、春季、暑假、秋季四个学期。

2. 春、秋季开班日期一般为学校开学后第二周,兼顾学校期末考试时间,学期期长15周共15次课,以长课程学习为主。寒假、暑假活动日期参考学校寒、暑假时间,考虑到学校开学准备时间,寒假各项目学习次数8次左右(兼顾春节放假),暑假各项目学习次数15次左右,分"一三五"、"二四六"两种课程,以主题集训式短课程为主。

3. 中心的社团课程活动时间通常为一次1.5小时,以45分钟为1课时计算,1次为2课时,一学期30课时。部分课程因幼儿心理特征1次为1小时。部分精英社团集训排练时间可适当拉长,一次约2—3小时,即每次为3—4课时。课时与课时之间适当安排儿童休息。

4. 中心专职教师每人春、秋季基础任教班数为"10+2",即10个培训课程课程班,2个公益课程班。暑期每人基础任教班数为5个班。每位教师年总任教班数为17个,年基础总课时量为1 020课时。

第四章 课程实施

一、中心层面

中心的课程实施应在课程规划的基础上制定课程实施方案,科学拟定各期招生简章,合理安排课程,包括课程项目介绍、社团设置、活动日期以及时间、社团人数、活动地点、任课教师、招生安排等,以保障少年儿童在中心实现个性化的学习需求。

二、教师层面

指导教师根据学员个性差异编制模块或主题的课程纲要(课程计划),以学期纲要为主,合理有序地规划课程实施的具体内容和方法。

教师撰写《课程纲要》,必须考虑到课程目标、相应课时、背景分析、课程组织、实施条件、学生评价以及各方面总体协调等情况。撰写《课程纲要》有利于教师从整体上把握课程目标与内容,有利于教师审视满足课程实施的所有条件,有利于中心开展课程的开发与管理。《课程纲要》具有一定要求,它必须包括一定的要素,具体可参考下表所呈现的一般格式。

社团课程纲要

社团		任课教师	
课程名称(点明学习对象、领域、内容亮点):			
适用对象:			
总课时:___周/学期,___次学习/周,___课时/次(___分钟/课时),总计___课时/学期			
课程简介			
课程类别		所属课程中心	
背景分析			
学习主要内容			
课程价值(对学生成长、对社会的影响)			
课程亮点			
课程学习目标(包括"知识与技能、过程与方法、情感态度价值观"三维目标要求):			
课程学习安排(包括单元名称、单元目标、周次、活动主题、学习内容、实施建议):			
课程学习评价(从评价要素、方式、等第、标准等规则入手进行操作性设计):			
主要参考文献:			

第五章 课程评价

  课程评价是中心课程规划的有机组成部分,它对中心课程发展起着重要的导向作用,是保证社团活动有效开展的关键环节。

一、课程评价的理念

中心课程的多样性决定了无法用统一的标准进行课程的检测评估。中心课程评价倡导多元化与开放性。

中心课程的评价是由课程专家、管理人员、家长、社会人士等来自不同领域的评估者共同参与的多角度评估。

中心课程的评价方法有社团活动评估、教案方案评估、说课评估、社团成果展示评估等。

中心课程评估场所包括社团活动课堂、社会实践现场、表演舞台和社区广场。

二、课程评价的框架

1. 对中心课程方案的评价

方案评价的目的在于通过课程开发和实施情况进行周期性分析,促进课程方案的改善,进而促进课程的不断革新。

《年度中心课程实施方案》的评价,由中心课程发展指导小组组织实施,主要对中心课程建设理念的明确性、课程规划的可行性、课程项目的适切性、课程实施过程的规范性、课程实施的成效性展开评价,并明确提出改进意见。

《课程纲要》的评价。《课程纲要》是指教师撰写的一个学期的纲要式的课程规划方案。新学期开班前,在教研组内交流、分享、评议。

2. 对教师教学的评价

教学评价的重心是教师的教学行为,而不是教师本人。教学评价是一种专业行为,主要由教师自己或同事来完成。

设置合适的教学评价框架。对教师的评价由教学业务部门评价、教师自我评价、家长评价、学生评价组成。教学业务部门评价可与教师研修相结合。家长评价可以通过公开教学、家长进班听课和满意度测评展开。

表1 社团课程行为评估表

课程实施具体行为分析框架	自我分析	同事评议	专家或领导评议
参与课程纲要及教材编写			
创建促进学习活动的环境			
深入研究、理解、适应学生			
明确活动目标与组织内容			
开发与利用各类课程资源			

续 表

课程实施具体行为分析框架	自我分析	同事评议	专家或领导评议
设计多样的课程活动			
鼓励学员之间合作探究学习			
提供展示学习成果的平台			
持续的教学反思与创新			

表2 社团课程满意度调查表(家长填)

课程名称		上课时段		任教老师	
评价内容		评价级别(直接打钩)			备注
教学评价	对教师教育教学满意度的评价	□满意	□较满意	□不满意	
	对孩子课堂活动参与度的评价	□满意	□较满意	□不满意	
	对孩子社团活动提高度的评价	□满意	□较满意	□不满意	
中心评价	对活动中心各项工作的评价	□满意	□较满意	□不满意	
	您的意见和建议				

广泛收集评价信息。运用课堂观察、代表作(教案、教学反思、课堂教学、论文)展示、教学档案袋以及以教研为基础的教师教学个案分析与研讨等多种方法,收集有关教师教学的评价信息。

正确处理评价反馈。召开教学评价反馈会,及时肯定长处,对存在的问题提出改进建议。

3. 对学员学习的评价

学习评价倡导评价不是针对学生,而是针对学生的学习行为。中心制定科学的、可操作的评价标准,设计评价工具,支持社团教师开展对学员的评价。

明确评定的范围。根据具体课程标准,采用多样的、开放式的评价方法,如知识技能掌握、实践问题解决、作品展示表演、学员表现观察、学员成长档案袋等,促进每位学员进步。

建立每个学员的成长记录。成长记录应收集能够反映学员学习活动过程和结果的资料,包括学员的自我评价、最佳作品、证书奖状、教师和同学的观察和评价、家长的反馈信息。学员是成长记录的主要记录者,成长记录要始终体现诚信原则,记录情况要典型、客观、真实。

设计学员学期素质报告单。报告单内容包括出勤情况、学习评价(学习能力、参与能力、个性情感、学习效果)、教师寄语等。

建立学员成长电子报告系统。在上述信息的基础上,为每位学员建立网络电子成长系统,中心与家庭互动,记录学员在中心社团课程学习成长的轨迹。

第六章 师资管理与专业发展

一、中心师资队伍来源

中心专职专业教师。高等院校专业毕业或具备一定专业技术证书的老师可以经过入职培训成为中心专职教师,任教自主课程。

合作机构兼职教师。和民办品牌教育机构或文化单位合作,引入课程兼职老师,补充师资队伍。

课程工作室兼职教师。邀请课程领域名家大师在中心成立名师工作室,由他们本人或徒弟到中心亲自开展课程教学。

学校(园)兼职教师。邀请学校或幼儿园有特长的教师到中心兼职任教,主要用于自主课程的师资补充。

二、教师专业发展与提升

建立有效奖惩机制。通过举办教师表彰会、员工成长季、基本功展示比赛,激发教师教学动力,营造良好中心课程文化氛围。

建立学习分享机制。推进读书计划,大兴学习之风,通过安排不同层次、不同类型的学习机会,撰写反思心得,促使教师参与协商式的专业探讨、积极的经验叙述、个人和团队的学习、平等的思想分享,为教师建构个人知识提供平台与机制。

建立分享信息平台。要求每位教师将课程方案、教学案例、反思心得等上传OA办公平台,分享课程教学经验。

建立专业发展导航。在教师教育专业素养和课程专项素养两方面的提升上做好引导,倡导教师参与研究中心课程建设相关问题,提高教师开发与实施课程的能力。

建立课程研究制度。按课程领域不同,成立科技、艺术、运动、文化教研组,定期开展教学研究活动,使课程的实施过程成为教师专业成长的过程。

2015 年 11 月制定

第三章
少年宫教育课程结构体系

少年宫教育是指包括少年宫、青少年活动中心、儿童活动中心、青少年素质教育基地在内的公办综合校外教育机构和场所对少年儿童进行的有目的、有计划、有组织的丰富多彩的教育活动。少年宫教育在我国已经走过了六十多个年头,在少年儿童校外教育工作方面积累了丰富的经验。与学校教育相比,少年宫教育具有很强的灵活性和自主性,业务工作受行政部门的约束和限制较小。这一方面赋予了少年宫充分的自主权,能够因地制宜地开展各类活动,开设各项课程;但是,另一方面,也造成了各少年宫在课程设置方面缺乏规范,课程的组织缺乏标准,课程的分类存在交叉、重叠的现象。这些问题的存在影响到少年宫教育课程功能的发挥。厘清少年宫教育课程的结构是少年宫教育课程建设的一个重要环节。

一、少年宫教育课程结构的内涵

1. 少年宫教育课程及其特点

少年宫教育课程是指由少年宫所开展的,以促进少年儿童个性发展、提升少年儿童综合素质为目的,符合必要质量标准的,有组织的、规范化、专业化的教育活动。相对于学校课程的学科性、层级性体系的稳定性而言,少年宫的课程更具有时代性;同时,它的综合性、实践性又能够与现有学校课程的分科性与知识性形成一种相得益彰、互相补充的格局。少年宫教育课程以"培养全面而有个性发展的学生"为目标,也是以《国家中长期教育改革和发展规划纲要(2010—2020)》、《基础教育课程改革纲要(试行)(2001)》为基础为依据的,与学校课程也是一致的。少年宫教育课程更多的是属于直接经验的课程,是供少年儿童自主选择的学习课程,并以综合课程、活动课程为基本形态。少年宫教育课程属于"生本课程",即以学生发展为本的课程。

2. **课程结构、意义及其构建原则**

课程结构是课程领域的一个核心概念,它是指课程各部分的组织和配合,探讨课程各组成部分如何有机地联系在一起的问题。课程结构在课程体系当中发挥着重要作用:课程结构是课程的命脉,课程结构内部的矛盾运动是课程发展的动力;课程结构是课程最重要而宏大的组织脉络,它决定了课程的核心组织和编排。课程的结构同时也决定了课程的功能。

课程之父泰勒曾经提出课程组织的要素有若干个层次:在最高的层次上,可以有具体科目、广域课程、核心课程组成;在中间层次上,可以是按顺序组织的学程;在最低的组织层次上,最广泛采用的结构是"课"。国内学者大多赞成这一观点,认为课程结构有不同的层次。钟启泉提出了课程结构可以从"微观"、"中观"、"宏观"三个层次去把握;廖哲勋提出了课程结构的"表层—深层说";郭晓明指出课程结构存在宽泛的层面和相对较窄的微观层面。其中,钟启泉的"微观"—"中观"—"宏观"的提法得到了较为广泛的关注,他指出微观结构主要是指教材系统的基本要素;中观结构主要是指学科内的结构;宏观结构则从影响学科构成的因素出发,研究学科群的分类及其构成。

泰勒也曾提出在探讨学习经验的组织时,我们可以"从一个时刻到另一个时刻"、"从一个领域到另一个领域"这两种角度来考察学生学习经验之间的关系。这两种关系被称为横向关系和纵向关系。张华指出课程的组织包括两个维度,即"垂直组织"和"水平组织"。垂直组织是指将各种课程要素按纵向发展序列组织起来,因为人的身心发展是有发展的序列,而学科知识也有它的逻辑演进序列,因此,垂直组织重视的是学习经验的进展性、阶段性、序列性和层次性;水平组织是指将各种课程要素按横向(水平)关系组织起来,即要把学生的经验和生活整体地联系起来。

3. **少年宫教育课程结构**

少年宫教育课程的结构是指少年宫教育课程内部各要素、各成分、各部分之间合乎规律的组织形式,也可分为"微观"、"中观"和"宏观"三个层次。在此,对少年宫教育课程结构的考察,主要是从宏观和较为宽泛的层面出发探讨各个部分、各种类型、各种形态的课程,以及如何更好地促进少年宫教育课程功能的发挥。

二、少年宫教育课程结构的现状

目前,各少年宫的课程设置主要参照国家文件政策、市场需要、师资条件和特色传统。《关于少年宫和少年之家工作的几项规定》(1957)、《少年宫(家)工作条例》(1987)、《少年儿童校外教育机构工作规程》(1995)和《关于进一步加强和改进未成年人校外活动场所建设和管理工作的意见》(2006)都提到了校外教育机构的活动应该包括以下基本内容：思想品德教育、科学技术知识普及教育、体育运动、文化艺术教育、游戏娱乐、劳动与社会实践活动。这些内容反映出素质教育人才培养的要求，即对少年儿童进行道德教育、智力教育、体育教育、审美教育和劳动力教育。文件政策的规定为少年宫教育课程的设置提供了基本的方向。《少年宫(家)工作条例》(1987)指出少年宫教育活动形式包括有组织的群众性活动、阵地开放活动、小组活动、各种爱好者小协会、少年艺术团等。《少年儿童校外教育机构工作规程》(1995)提出校外教育机构的活动开展可采取以下形式：开展群众性教育活动、开放适合少年儿童的各种活动场所、组织专业兴趣小组。

1. 少年宫教育课程结构现状

通过对部分少年宫课程设置的调研、分析与了解，可以看到各少年宫的课程设置既有自身特色，也呈现出许多共同的特征。首先，各少年宫课程的设置是以相关的文件政策为依据，并且结合了各自已有的人力、物力资源以及各地区的实际情况。少年宫的课程内容范围涵盖思想品德教育、科学技术知识普及教育、体育运动训练、文化艺术教育、劳动技能锻炼。从数量上看，文化艺术教育所占比例较大。在课程的设置方面，规模大的少年宫的课程项目设置较为全面，规模小的少年宫相对较少，这也符合相关的文件政策规定。在《关于进一步加强和改进未成年人校外活动场所建设和管理工作的意见》(2006)中，对大中城市的少年宫、城区和县(市)的少年宫以及社区和农村的校外活动场所的活动规模和活动内容提出了不同的要求，强调各少年宫要根据自身类型和规模，结合未成年人的身心特点、接受能力和实际需要，明确功能定位，发挥各自优势，实现资源共享，满足未成年人多样化的校外活动需求。

表 3.1　部分少年宫课程内容项目分类举例

少年宫规模	课程内容项目类别	特点
省市级 1	综合类、科技类、工美小传人、体育类、艺术类、音乐类、舞蹈类、文学类、美术类、美劳类、数学思维训练类、外语类、幼小衔接类、早期教育类、国际交流类、社会实践类、青少年社团类	课程设置比较全面，涵盖的培训项目广泛；分类上存在纵横交叉现象；有重叠的现象(如美术类和美劳类)

续　表

少年宫规模	课程内容项目类别	特点
省市级2 (省会城市)	舞蹈类、计算机类、美术类、器乐类、学科拓展类、声乐类、钢琴类、戏剧影视类、科技教育类、幼儿多元智能类、学生电视台、群文活动	课程设置比较全面,门类齐全;以管理部门类别进行课程分类
地级	艺术类(器乐、舞蹈、声乐、视唱练耳、书法、主持表演);体育类(跆拳道、乒乓球、围棋、击剑、武术、拉丁舞)、其他类(英语、剑桥少儿英语、阅读写作)	课程门类比省市级少年宫要少
区县级	书画类、民乐类、西乐类、科文类、歌舞类、体育类、科技类	课程门类相对较少;按照学科逻辑分类

除了课程内容的广泛性以外,少年宫教育课程在设置难易度方面有分层,基本上是以少年儿童的学习水平为依据。按照启蒙班、初级班、中级班和高级班的形式进行组织,在一定程度上考虑到了少年儿童的年龄特点。例如,某少年宫计算机项目的组织,初级班的目标是普及计算机知识;中级班学习计算机编程;高级班专注于课题研究。同时,少年宫教育的长期课程会考虑少年儿童的认知水平、年龄以及生理心理特点,将少年儿童学习水平的层次与以上的特点相结合。如某少年宫的绘画项目的设置结合学员的生理、心理特点分为三个层次:针对幼儿园中班到二年级的学生的儿童画;针对小学一年级到五年级学生的水彩画、水粉画和中国画;针对小学三年级到高中三年级学生的素描。

表3.2　某少年宫部分课程纵向结构

部门	项目	备注
舞蹈中心	启蒙	
	预备	
	舞蹈作品班	3年以上舞蹈学习经历
	舞蹈团	
计算机中心	初级	普及计算机知识
	中级	计算机语言、编程
	高级	课题研究
器乐中心	启蒙	民乐、管弦乐、小提琴等
	社团	艺术团民乐团、管弦乐团、小提琴演奏团

续 表

部门	项目	备注
声乐中心	初级	乐理、视唱、练耳、音乐欣赏、合唱、形体训练等
	中级	
	高级	
	合唱团	

2. 少年宫教育课程结构存在的问题

经过几十年的实践经验,目前各少年宫在课程的设置和课程的分类上已经形成了一些基本的经验,但是对课程结构的思考仍然存在不足。大部分少年宫在课程的设置上过于依赖经验和市场,课程的分类主要是沿用长期以来遗留下的历史传统,这种分类方式主要是出于工作方面的需要,通常是依据部门的职能进行分类,而非从科目和课程的逻辑出发进行分类。这在上述举例中可见一斑。

(1) 设置导向选择有偏颇

目前,少年宫教育课程的设置存在三种导向:需求导向、条件导向和目标导向。所谓需求导向是指在课程设置方面优先考虑服务对象或市场的需求;条件导向是指在课程设置方面优先考虑师资条件;目标导向是指专注于某些特色项目的建设,注重打造少年宫的特色品牌,在课程设置方面优先发展某一类别的课程。三种导向各有利弊,需求导向的优点是能够紧跟时代潮流,实现及时更新,即要不断了解少年儿童和家长的需要;缺点是受市场牵制过大,不能充分利用自身师资优势,课程稳定性较差,也难以形成特色课程。条件导向的优点是能够充分利用少年宫已有的师资和资源;缺点是可能造成过分依赖教师个人能力的现象,忽视少年儿童真正的需要。目标导向的优点是可以形成少年宫传统的优势课程;缺点是如果一味地强调特色课程的发展,而不根据市场需求的变化寻求整个课程的均衡发展,导致对其他项目的忽视,最终也会造成特色的丧失。

(2) 课程分类依据逻辑性不够

在宏观的课程分类方面,许多少年宫倾向于将少年宫的课程划分为"培训"和"活动"两大部分。这是在与学校教育的比较中来界定自身的课程教学形态。在目前少年宫教师层面的认识中,所谓的培训是指在学校课堂课桌式的固定教室中所进行的教学活动;其他在非限定性固定场所中实施的教育项目则被称为"活动"。这在科学的教育专业推理中是不合理的。在微观的具体分类方面,课程项目列表的安排也是以便于学生和家长选择课程为主要目的,但逻辑性经不起细致的推敲,在同一维度的课程分类上存在交叉和重叠的现象。此外,目前有些少年宫还将一些无法纳入现有课程体系的课程统称为综合类课程,这与真正意义上的综合课程的涵义是不符的。

课程的结构决定了课程的功能,各少年宫在课程结构方面存在的偏差在短期内可能不会带来直接的不利影响,但是,长此以往会影响到少年宫课程功能的发挥。

3. 优化少年宫教育课程结构的原则和参考性建议

针对少年宫教育课程结构现状存在的问题,需要提出优化少年宫教育课程结构的原则和参考性建议。

(1) 少年宫教育课程结构优化的原则

课程结构既是一个实践问题,又是一个重要的理论问题。构建合理、完整、有效的少年宫教育课程结构首先要符合国家对于少年宫教育课程目标、课程内容的相关政策规定。其次,少年宫教育课程结构的构建需要符合现实需要。少年宫教育课程结构需兼顾社会发展需要、少年儿童自身发展需要和本地区本单位实际状况,因地制宜地构建合理的课程结构。最后,少年宫教育课程建设需要符合逻辑。在课程的各部类之间、各组成成分之间要遵循同一原则、周延原则和相斥原则。同一原则指用同一个标准和依据;周延原则指各课程部类、各组成部分的总和即课程总体,不能相互交叉和包容;相斥原则是指各课程部类、各组成部分不能既属于这一类,又属于那一类。

(2) 少年宫教育课程结构优化的建议

少年宫课程结构的优化,需要首先梳理构建整个少年宫系统共性的宏观层面的课程体系框架。这样有利于各少年宫在规范的框架体系下,再结合实际进行各自中观与微观的课程结构构建。

其次,针对部分少年宫在课程设置方面过于注重某一种导向的问题,在课程设置方面需要综合考虑需求导向、条件导向和目标导向。在实际的运行当中,这三种导向之间并非相互排斥。课程结构是一个动态、开放的系统,少年宫教育课程结构的优化必然是以上三种导向之间相互妥协、逐渐演变的过程。因此,走向合理化的少年宫教育课程结构必须要思考如何更好地将这三种导向相结合,在动态发展中寻求平衡。

建议可以借鉴学校教育课程的经验,在横向上从学习领域、项目和主题或模块几个方面的内容出发,纵向上结合课程的周期与内容的难易度重新建构少年宫教育课程的结构。

三、少年宫教育课程结构体系初步构想

构建少年宫教育课程结构的首要问题是厘清少年宫教育的目标,因为目标是课程的核心,起着统领全局的作用。其次,要全面梳理少年宫教育的学习领域,学习领域决定了课程的内容,是构成课程的基本要素。最后,要确定少年宫课程的类型,课程的类型决定了少年宫教育课程的整体分布。

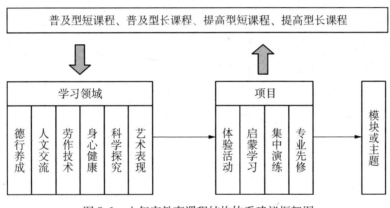

图 3.1 少年宫教育课程结构体系建议框架图

1. **少年宫教育的目标**

少年宫教育的目标要以国家的教育政策、理念和方针为基准。目前,《国家中长期教育改革和发展规划纲要(2010—2020)》、《基础教育课程改革纲要(试行)(2001)》是统领整个国家教育的政策性文件。其中《基础教育课程改革纲要(试行)》对基础教育阶段的课程目标提出了新的要求,指出新课程要培养学生的创新精神、实践能力、科学和人文素养以及环境意识。少年宫教育的目标需要符合素质教育的要求,少年宫教育课程的目标应与新课程改革的课程目标在方向上相一致,同时发挥少年宫教育在校外领域"全面而又个性化育人"上的独特作用。

对照国家教育政策,结合少年宫教育实际,少年宫教育的整体目标可以定为少年儿童通过参加少年宫的教育课程"生发好奇心,发现兴趣爱好,发展潜能,增强合作交流能力,促进核心素养的养成,成长为健康快乐、富有个性特长的社会主义建设者和接班人"。

少年宫的课程设置、整体课程的分类以及课程的实施和评价都可以此目标为依据。

2. 少年宫课程的内容：学习领域、项目、模块

(1) 学习领域

关于少年宫教育课程的学习领域，已有的文件政策当中已经有过相关的说明，例如，1995年颁布的《少年儿童校外教育机构工作规程》中明确提出少年宫教育的活动应当包括以下基本内容：思想品德教育、科学技术知识普及教育、体育运动、文化艺术教育、游戏娱乐、劳动与社会实践活动等。教育家杜威从儿童本能的冲动出发，归纳出了儿童的四种本能：社交本能、探索本能、制作本能、艺术本能，与此相对应的四种兴趣分别为交流或交谈方面的兴趣、探究或发现的兴趣、制造或建造的兴趣以及艺术表现的兴趣。

在参考已有文件规定的基础上，借鉴杜威的儿童兴趣观，结合少年宫教育的特点与工作实际，可以将少年宫教育课程的学习领域梳理归纳为：德行养成、身心健康、劳作技术、人文交流、艺术表现、科学探究。这六大领域的课程都指向一个共同的课程目标，即引导少年儿童成为健康快乐、富有个性的社会主义建设者和接班人。

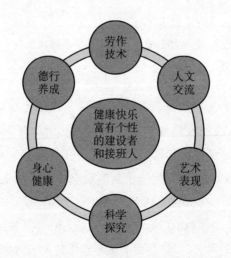

图 3.2 基于目标的少年宫教育课程的学习领域

(2) 项目、模块

除了学习领域以外，在各学习领域之下还可以设置具体的学习项目，即少年宫面向儿童开设的活动项目，可归结为：体验活动、启蒙学习、集中演练、专业先修四

个项目组。各块项目之下还有模块或者主题式的课程结构,由包含若干个主题的模块构成。模块或主题的设置,各少年宫可结合自身的特点来具体细化设计安排。如:艺术表现领域的启蒙学习项目可以有舞蹈表演、美术写意、器乐演奏等模块,而美术写意模块又可包含儿童画涂鸦、绘本创作、立体绘画创意等主题板块。

3. 少年宫课程的类型

少年宫的课程可分为两型四类课程。

(1) 短课程与长课程

按学习的期长,少年宫课程可分为短课程和长课程。需持续学习超过一学期的课程称为长课程。

少年宫教育时间上存在特殊性,即与学校教育的时间互补,主要是利用学校教育以外的时间,课后、周末、寒暑假来进行教育教学活动。这种时间上的特殊性决定了少年宫必须存在一些灵活、开放的短课程。短课程更注重新颖与趣味性,让参与者能有印象深刻的体验,或者能给予他们一种全新的视野。长课程最主要的特点是课程设置系统性强、持续时期长,一般按学期制进行,可由多个短课程模块组成。这两类课程在少年宫课程中相互兼容并各有特色,反映了少年宫教育的独特性。

(2) 普及型课程与提高型课程

按课程的功能,少年宫课程可分为普及型课程与提高型课程。普及型课程是以面向广大少年儿童普及基本理念、激发兴趣、培养基本素养、发现潜能为主要目的课程。提高型课程是以让具有专长素养的学员通过系统的先修式学习,提升专业能力为目的的课程。

(3) 少年宫课程的四种类型

按期长分类与功能分类相结合,少年宫课程可分为普及型短课程、普及型长课程、提高型短课程、提高型长课程四种类型。

普及型短课程包括有限定性固定场所的课程,如场馆体验、营地活动等和无限定性固定场所的课程,如社会实践、公益服务等。普及型长课程包括由多个项目、多个短课程组成的体验活动,和系列学习形式的启蒙学习。提高型短课程主要表现为为完成某一项任务

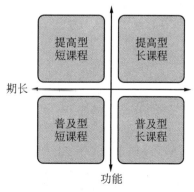

图 3.3 少年宫教育课程的类型

而集中进行的排练、突击式的学习。提高型长课程主要是对既有兴趣取向又有专长潜能的学员进行系统的专业提升式的课程。

其中,普及型短课程是少年宫课程教育结构的一大特色,特别在灵活性与普及面上,能体现少年宫面向全体的工作方针。这类课程更重视形式上的活泼,增强吸引力,同时兼顾内涵性的要求。

参考文献：

[1] 施良方.课程理论——课程的基础、原理和问题[M].北京：教育科学出版社,1996.
[2] 廖哲勋.课程学[M].湖北：华中师范大学出版社,1991.
[3] 林智中.陈建生.张爽.课程组织[M].北京：教育科学出版社,2006.
[4] [美]泰勒著.施良方译.课程与教学的基本原理[M].北京：人民教育出版社,1994.
[5] 钟启泉.现代课程编制的若干问题[J].教育研究,1989:5.
[6] 廖哲勋.课程学[M]湖北：华中师范大学出版社,1991.
[7] 郭晓明.课程结构——一种原理性探寻[M].湖南：湖南师范大学出版社,2002.
[8] 张华.课程与教学论[M].上海：上海教育出版社,2000.
[9] 和学新.课程改革要致力于课程结构的改造和完善[J].课程教材教法,1997:(10).

附：少年宫课程结构设计实例[①]

中国福利会少年宫美术中心课程设置汇总表 *

阶段	课程类型	项目	模块或主题	学习期长	参与学习条件等要求（年龄、层次、范围）
普及阶段	普及型短课程	体验活动项目	暑期短训兴趣小组（儿童画、硬笔书法）	1学期	面向社会，学生自主选修
			夏令营活动	2—7天	面向社会
			国泰人寿少儿绘画比赛	4—6课时	面向社会
			节假日公益活动	4—10课时	面向学员
			"国泰人寿"室外写生活动	半天	面向学员
		集中演练项目	主题长卷绘画活动	4—6课时	面向学员，择优挑选
	普及型长课程	启蒙学习项目	儿童画兴趣小组（启蒙）	2学期	中班以上面向社会，学生自主选修
			小画家工作室（启蒙）	2学期	大班以上面向社会，学生自主选修
			素描兴趣小组（启蒙）	2学期	小学二年级以上面向社会，学生自主选修
			书法兴趣小组（启蒙）	2学期	大班以上面向社会，学生自主选修
			剪纸兴趣小组（启蒙）	2学期	大班以上面向社会，学生自主选修
提高阶段	提高型短课程	体验活动项目	夏令营活动	2—7天	面向社会，择优挑选
			"与大师面对面"系列活动	半天	面向社会，择优挑选
			名家进课堂系列活动	2课时	面向学员，择优挑选
			参观艺术场馆	4课时	面向学员，择优挑选
			小伙伴画廊作品展	4—6课时	面向学员，择优挑选
			小伙伴工艺品制作实践	4课时	面向学员，择优挑选
		集中演练项目	上海市学生书画作品比赛	4—6课时	面向学员，择优挑选

[①] 本表由陶颖明、朱斌老师汇总。

* 短期课程中的部分项目的课时或天数为每年中安排的课时数。

续 表

阶段	课程类型	项目	模块或主题	学习期长	参与学习条件等要求（年龄、层次、范围）
提高阶段	提高型长课程	集中演练项目	"彩虹行动计划"上海市学生艺术作品比赛	4—6课时	面向学员,择优挑选
			中日韩儿童友好画展	4—6课时	面向学员,择优挑选
			艺术团专项活动排练	4—6课时	面向学员,择优挑选
		专业先修项目	儿童画兴趣小组(初级:作品班)	4学期	面向学员,择优挑选
			儿童画兴趣小组(初级)	2学期	面向社会,学员优先,具有启蒙基础,择优挑选
			儿童画兴趣小组(中级)	2学期	面向社会,学员优先,具有初级层次,择优挑选
			少儿水粉画兴趣小组(初级)	2学期	面向社会,学员优先,有启蒙基础,择优挑选
			少儿水粉画兴趣小组(中级)	2学期	面向社会,学员优先,具有初级层次,择优挑选
			水粉画社团	4学期以上	面向社会,学员优先,具有高级层次,择优挑选
			水彩画兴趣小组(中级)	2学期	面向社会,学员优先,具有初级层次,择优挑选
			水彩画兴趣小组(高级)	2学期	面向社会,学员优先,具有中级层次,择优挑选
			小画家工作室(初级)	2学期	面向社会,学员优先,有启蒙基础,择优挑选
			小画家工作室(中级)	2学期	面向社会,学员优先,具有初级层次,择优挑选
			小画家工作室社团	4学期以上	面向社会,学员优先,具有高级层次,择优挑选
			素描兴趣小组(初级)	2学期	面向社会,学员优先,有启蒙基础,择优挑选
			素描兴趣小组(中级)	2学期	面向社会,学员优先,具有初级层次,择优挑选
			素描社团、素描合作班(高级)	4学期以上	面向社会,学员优先,具有高级层次,择优挑选
			中国画兴趣小组(初级)	2学期	面向社会,学员优先,有启蒙基础,择优挑选

续　表

阶段	课程类型	项目	模块或主题	学习期长	参与学习条件等要求（年龄、层次、范围）
提高阶段	提高型长课程	专业先修项目	中国画兴趣小组(中级)	2学期	面向社会,学员优先,具有初级层次,择优挑选
			中国画社团(高级)	4学期以上	面向社会,学员优先,具有高级层次,择优挑选
			书法兴趣小组(初级)	2学期	面向社会,学员优先,有启蒙基础,择优挑选
			书法兴趣小组(中级)	2学期	面向社会,学员优先,具有初级层次,择优挑选
			书法兴趣小组(高级)	4学期以上	面向社会,学员优先,具有中级层次,择优挑选
			书法社团	4学期以上	面向社会,学员优先,具有高级层次,择优挑选
			剪纸兴趣小组(初级)	2学期	面向社会,学员优先,有启蒙基础,择优挑选
			剪纸兴趣小组(中级)	2学期	面向社会,学员优先,具有初级层次,择优挑选
			剪纸兴趣小组(高级)	4学期以上	面向社会,学员优先,具有中级层次,择优挑选
			油画兴趣小组	4学期以上	面向社会,学员优先,具有中级层次,择优挑选

第四章
少年宫教育课程方案撰写

一、少年宫教育专业化的标志：课程方案的专业化

"课程"是教育科学化、专业化的标志。少年宫教育课程由少年宫主体有计划、有组织地实施操作，包括了主题教育、业余社团(含普及性兴趣小组、提高类社团)和游戏娱乐(俗称阵地活动)在内的教育活动。

少年宫教育现阶段没有国家统一的课程规划、课程标准，这一直是少年宫教育工作者的困惑，不是感到没有规则、无所适从，就是觉得可以天马行空、随心所欲。但从另一种角度来说，这既是一种优势，也是一种挑战。与之相比，学校教育虽然有国家统一的宏观的课程计划、中观的课程标准、教学大纲这类既定课程体系设计，然而，教师的工作看上去只是在微观层面的课堂具体实施，只要按照统一的教材、教参和进度，以及参考教案，按部就班地就能完成教学任务，但实际上这也在剥夺或削弱教师与学生在教育活动中的主动权，教学的乐趣不在了。学校教育发现了这一病症，正在进行的"课程改革"，明确了国家、地方、学校三级课程的建设，将课程开发、设计的主动权部分下放到了基层，甚至给到了教师。这是一种课程建设发展的趋势。而少年宫教育，从来没有国家规定的条框束缚，少年宫被赋予了课程自主权，教师在课程实施过程中专业发挥的空间非常宽广，这是许多学校一线优秀教师们十分羡慕的地方。但如何既运用好这种自主权，又能体现出自身教育素养的专业性，是每所少年宫、每位教师都需要面对的挑战。

少年宫教育课程专业化的一个重要标识是课程方案设计的专业性。

二、少年宫教育专业课程方案的内涵分析

少年宫教育的课程方案更趋宫本化。类别包括少年宫(单位)课程规划方案、项目(含大项)系列课程设计方案、一门课程设计方案。无论哪个方案,它都是为了满足学生的需求,而精心预设的教育专业实践活动计划设计的目的是让学生的需求得到满足,感到更幸福,进而使社会更和谐、正义。

专业化的课程方案是由受过专门训练的人设计出的教育的专业文本,从事少年宫教育的教师都应掌握课程方案的设计。这里我们主要提的是一门课程的设计。少年宫教育的课程设计主要包括兴趣小组活动方案、社团活动方案、营地活动方案等。这些方案都是教师层面的方案。方案有详案和略案之分,从丰富教学方式、结合少年宫实际情况来考虑,我们更多地主张少年宫教育课程的方案采用略案的形式,给教师和学员都留下更多的活动余地。

无论是详案还是略案,作为专业的课程设计,至少要包含四个要素:目标、内容、实施和评价。目标是学员所要达到的某种程度的学习成果,通俗地说就是学员要到哪里去;内容是学员学习的载体,也就是凭什么去;实施是学员学习的方式与过程,是达成目标的手段与途径,即怎样到达目的地;评价是用来检验目标达成的情况,通过评价了解学员是否到了要去的地方。课程设计中这四个要素都能得到一致性地回答,就是专业的方案了。

课程设计的要素还有背景、结构、管理。背景是介绍课程设计的来由,为什么要设计这门课或这项活动;结构是课程的构成层次、单元、阶段等环节的安排,是一个教育活动的框架构建;管理是督促、保障课程(活动)顺利进行的保障措施,例如制度、条例、约定等。

三、少年宫教育课程方案的专业化标准

课程设计的专业要求还体现在四个维度上,即先进性、一致性、技术性和原创性。参考全国校本课程设计大赛的要求,结合少年宫教育的实际情况与特点,我们对四个专业性的体现做一些表述:

1. 先进性:理念先进

(1) 符合国家教育发展纲要培养方向,学期课程每学期至多48课时。

(2) 代表素质教育方向(当今社会对学生素质的新要求)。

(3) 课程设计体现相当的专业性和可推广性。

2. 一致性：内在一致

(1) 反映本单位教育哲学和学生对校外课程需求(必要性)。

(2) 整合了现场可得到的人力、物力、财力、时空、信息等资源(可能性)。

(3) 课程纲要的要素(背景、目标、内容、实施和评价)描述完整、规范。

(4) 课程纲要体现目标、内容、实施、评价的一致性。

(5) 教案体现目标—评价—教学过程的一致性。

3. 技术性：技术规范

(1) 目标描述体现三维，清晰、完整、适切、规范。

(2) 内容或活动的选择针对目标，按单元或模块组织。

(3) 课时安排合理(第一节分享课程纲要；过程安排有利于学员学习；最后部分有评价活动)。

(4) 教学过程突出活动性、趣味性和问题解决策略，体现学习方式的多样化、适切性。

(5) 学期评价政策清楚；课时评价活动聚焦目标。

4. 原创性：实践创新

(1) 课程主题的挖掘体现原创性。

(2) 课程设计依据充分(学生需求或本单位特色或地方特性)。

(3) 突出过程评价，实施与评价设计有创意。

在设计少年宫教育课程时，还需特别注意几个情况：

首先，少年宫教育的课程是素质教育的组成部分，它的设计也要在国家教育规划纲要(现阶段为《国家中长期教育改革和发展规划纲要(2010—2020)》)的框架下进行，但一定不是现有学校教育的依附，不是学校国家课程在校外的拓展，更不是学科教育的校外补习。少年宫教育是独立于学校教育的，它通过自身独特的社会实践活动形式以及实践性、趣味性、生活化的教育方式，来达成对学员综合素养的培养，使学员成为一个合格的社会人，学会快乐地生活。因此，设计时一定要摒弃模仿过去学校课堂教学的思路。

其次，在课程设计要素中，"目标"是核心，其他的几个要素都要围绕目标、基于目标来设计，要素之间要形成一致性。目标是要达成的结果，要切实可行，切忌大而空，把目标写成教育理想。"生发好奇心、发现兴趣爱好、发展潜能，增强合作交往能力，促进核心素养的养成，成长为健康快乐、富有个性特长的社会主义建设者和接班人"可以作为少年宫教育整体的目标。对少年宫教育某一门课程来说，教育的目标更多地应侧重于在团队实践中对知识、技能的运用,对某种或几种兴趣的激发与潜能的发现和培养,达到对某些素养的提升与强化。

再次,少年宫教育课程的实施要更多地体现"做中学"、"教中学"、"说中学"、"评中学"、"悟中学"。少年宫教育载体较之学校教育要更灵活,更时尚,更接近时代的步伐与学员的喜好,即时性的信息、新的技术应及时地运用整合到我们的教育活动课程中来。在教学形式上,建议多运用富有少年宫教育特色的团队协作、互动学习、小先生带教制(高段学员在团队中做助教,带领低段学员共同完成项目任务)等方式。

最后,少年宫教育一门课程的评价设计建议要多注重过程性评价与表现性评价,切忌单纯用考级、考段、竞赛得奖来评判学员在校外学习的成效。少年宫教育更多地是给学员平台,提供机会,拓展视野,让他们树立信心、培养自尊,感受到取得进步与成果的幸福与快乐。

少年宫教育要融入大教育的整体发展中,走向专业化是它的必由之路。专业化要从专业的课程规划、设计开始,从每位教师的课程方案设计开始。

四、少年宫教育学期课程纲要和教学方案的撰写

1. 少年宫教育学期课程纲要的撰写

这里的课程纲要是指对一学期的课程设计。课程纲要包括对课程名称、适用对象、总课时、课程类型、课程简介、背景分析、课程目标、学习主题/活动安排、课程学习评价、主要参考文献等的阐述。

(1) 课程名称。课程名称应简洁、明了,突出本课程的学习对象、领域、内容亮点这三个要素。

(2) 适用对象。少年宫教育某门课程的适用对象,不仅应写明适合学习的学员年龄范围,更应对可参与学习学员的某些特定素养层次做出明示。即使是普及型的启蒙课程也可说明是否对有兴趣的所有适龄儿童开放。

(3) 总课时。建议用 X 周/学期,X 次学习/周,X 课时/次(X 分钟/课时),总计 X 课时/学期的方式进行表述。

(4) 课程简介。要写清课程类别、所属项目组、学习的主要内容、价值(对学员成长、对社会)以及课程亮点。

(5) 背景分析。背景分析应紧紧围绕课程建设的实际情况展开,包括本门课程开设的目的、意义、已有的师资、场地等社会资源的基础、已开展情况和所需要的

条件。课程的目的和意义重点从儿童需要、社会需求、所在单位需求(即要体现少年宫的办学理念)等方面进行描述。

(6) 课程学习目标。目标要按照三维课程目标的基本要求来撰写。其一,目标撰写叙述主体是学员而不是教师,即在表述时要以学员为主语;其二,课程目标不宜假大空,不能把课程目标与课程理想混为一谈,要结合实际,体现出一定的操作性,要可以落实,能够评价;其三,三维目标要整体表述,不要割裂成为"三张皮",即不要机械地分成"知识与技能"、"过程与方法"、"情感态度价值观"三块,应综合在一起写,一般以3—5条为宜。

(7) 课程学习安排。这里重点指学期的课程结构,应从单元名称、目标、周次(短课程可改为具体时间节点)、活动主题、学习内容、实施策略六个要素进行描述,逐步具体化。单元之间要存在一定的逻辑关系;单元目标一般以不超过3条为宜;周次是指学期周次;活动主题是一次或几次活动的名称,主题名称的选择应贴近儿童生活,富有童趣,同时也要让人一看就能对活动主要内容一目了然;学习内容需要呈现对应活动主题开展与实施的关键内容和关键环节,其中第一课时要与学员分享整个课程的学习目标及整个学期的课程安排,最后的一课时要对整个学期的学习效果进行评价,做到首尾呼应;实施策略同样要体现出校外特色,可包括对社会资源整合利用的设想和对教学方式、方法的提示。下面的范例是长课程《绿能机关王》的学期课程学习安排表和短课程《火箭特战队》课程学习安排表的摘录(因篇幅原因,对单元目标、实施策略两部分,这里做了内容上的省略,不做显示):

表 4.1　绿能机关王课程学习安排进度表

单元名称	单元目标	周次	活动主题	主要内容	实施策略
绿能总动员	省略	1	能源世界	学期学习内容分享;能量守恒定律、充气能源球、各式发电机	省略
神奇机关王	省略	2	杠杆原理	平衡游戏、科宝摇摇、能量守恒	省略
		3	轮转天地	省力机械、变速自行车、齿轮一家亲	
		4	机械风车	机械风车、绿能机关城市	
人力发电	省略	5	莱顿啪啪	人体发电机、静电小章鱼、莱顿啪啪	省略
		6	电学之父	电磁感应、简易电动机、手摇发电机	
		7	发电摇摇	手摇发电动力车制作及竞赛	

续 表

单元名称	单元目标	周次	活动主题	主要内容	实施策略
风力发电	省略	8	风电城市	风从哪里来、风车大集合、风电工程城市	省略
		9	扬帆启航	风的动力、风帆车制作、之字前进	
		10	风神无双	风力发电机构造、风力发电机制作	
水力发电	省略	11	大禹治水	水的特性、三峡大坝水利工程、势能转换	省略
		12	液压系统	帕斯卡定律、液压系统、魔幻水母精灵	
		13	水动力车	水动力车制作、水动力原理	
太阳能发电	省略	14	旭日东升	光的特性、太阳能发电原理、发电机模型	省略
		15	热力四射	热胀冷缩、热力四射、斯特林引擎	
		16	光电工程	太阳能动感机器人竞赛、太阳能应用	
氢能发电	省略	17	氢氧爆爆	氧化还原反应、酸镁氢气泡、氢氧爆爆	省略
		18	暖宝宝	放热神功、暖宝宝制作	
		19	氢能动力	燃料电池动力、氢能动力车组装竞速	

表 4.2 火箭特战队课程学习安排进度表

单元名称	单元目标	时间安排	活动主题	主要内容	实施策略
火箭工程师	略	第一天上午	发现火箭	开营式介绍活动;火箭构造原理;相关基本力学、化学介绍	略
		第一天下午	直上云霄	双节水火箭:组装+发射	略
		第二天上午	花样年箭	火箭发展史、动力;中国长征火箭知识	略
		第二天下午	飞跃天际	水飞机:组装+发射	略
特战队起航	略	第三天上午	火线任务	宇航员的生活;火箭起飞与降落	略
		第三天下午	火力四射	迫击炮水火箭:组装+发射;结营式展示总结	略

(8) 课程学习评价。课程学习评价要与课程目标相对应,每一条课程目标都要有针对性的评价设计。评价设计应从评价要素、方式、等第、标准等规则入手进行表述,要体现可操作性,不宜过于笼统。

(9) 主要参考文献。要列明所借鉴、参考的书籍、网络等资源的名称。

2. 少年宫教育课程教学方案的撰写

教学方案是指在课程纲要中对每一课时学习活动的教学实施计划。教学方案包括对单元(活动所属单元)、单元课时(所属单元总体课时)、主题(活动对应纲要中所属主题)、总课时(这一主题活动开展所需课时)、本次课时(本次课时是对应主题活动开展中的第几课时)、背景分析、学习目标、学习评价设计、学与教活动设计这些要素的阐述。

(1) 背景分析。包括该主题在本单元和本门课中的地位和作用、学员已有基础、学习重点、难点分析三部分。

(2) 学与教活动设计。要结合具体学习内容和学习方式进行设计,按照学与教的环节来设计学员活动和教师活动。设计主要体现校外的活动特色,避免学校课堂教学模式,尽量综合运用小组合作学习、探究学习、自主学习等多种方式来组织教学。

参考文献:

[1] 崔允漷. 第二届"真爱梦想杯"全国校本课程设计大赛学术研讨主题演讲《提升校本课程方案的专业性》. 2014.
[2] 刘登珲. 走向专业化的校本课程设计——第二届"真爱梦想杯"全国校本课程设计大赛学术研讨会会议综述[J]. 基础教育课程,2014(8).
[3] 第二届"真爱梦想杯"全国校本课程设计大赛评审标准.
[4] 力翰元智科学《绿能机关王》课程、《火箭特战队》课程.

附一：学期课程纲要设计表

_____年_____学期课程纲要　设计者：			
课程名称			
适用对象			
学习领域		课程类型	
学习期长　周　一周活动　次　每次　课时　每课时　分钟			
一、课程简介			
二、背景分析			
三、课程学习目标			
四、课程学习安排(填写参照以下格式,表格线可自行调整)			

课程学习安排进度表

单元名称	单元目标	周次/节点	活动主题	主要内容	实施策略

续 表

单元名称	单元目标	周次/节点	活动主题	主要内容	实施策略

五、课程学习评价(评价内容、评价方式与评价标准)

六、主要参考文献(教学资料来源)

备注:

附二：教学方案设计表

教学方案

周次：第　　周次　　单元：第　　单元　　本次活动：共　　课时
学习主题：

一、背景分析(选材依据)：

二、学习目标：

三、学习评价：

四、学与教活动实施：

附三：学期课程纲要与教学方案实例

"空气污染与治理"课程纲要

课程简介

　　环境问题是社会问题，更是民生问题。尤其是"雾霾"带来的空气污染成为每个公民关注的焦点。为贯彻新课改关于学习要贴近儿童生活的指导精神，提倡合作学习、探究学习的理念，深入发掘环境问题背后的教育价值，本课程以 PM2.5 与空气污染为切入点，来引导学生关注环境问题。通过分析 1952 年伦敦雾霾事件，关切全球变暖和全球气候变化，了解低碳经济与低碳生活方式、新能源开发利用与可持续发展状况等，引导学生积极应对全球共同面临的严峻环境问题，培养学生发现问题、解决问题的能力，提高学生的环境保护意识，培育学生全球公民的参与意识和责任感。

　　适用对象：初中 1—3 年级，对环境问题感兴趣的学生

　　总课时：8 周/学期，1 次/周，2 课时/次，45 分钟/课时，共 16 课时

　　设计者：陈琪敏/上海市静安区青少年活动中心

背景分析

　　科学技术的进步给人类社会带来前所未有的发展，也给我们共同赖以生存的地球带来严峻的挑战。当今中国的严重空气污染，全球范围的气候变化和全球变暖，世界范围的能源短缺等等，这些都是我们不得不去面对和亟待解决的重大课题。二期课改要求新课程建设应关注人的发展，关注自然和社会热点，注重学科间融合和五育间整合。本课程是突出跨学科整合的综合型课程，校内外教学中鲜有人涉及。课程引导学生在发现问题和解决问题的过程中，关切社会，提高学生的公益环保意识，培养其社会责任感和世界公民意识。学生通过课题研究，可以拓宽英语学习领域的时间、空间，增强资料收集和整理能力，在团队合作中培养分享合作能力，在语言实践中提高语言表达能力。

课程学习目标

1. 通过阅读、参观和自主探究了解空气污染的类型及其原理；

2. 通过实验和文献阅读理解污染构成要素及形成原因；

3. 了解低碳发展、新能源开发利用等绿色发展的方向；

4. 增强治理环境污染的责任感；

5. 在学习和小组合作中,学会沟通、分享和团队协作。

课程学习安排

单元名称	单元目标	周次	活动主题	学习内容	实施策略
第一单元：空气污染的分类及危害	1. 能说出空气污染的种类； 2. 举例空气污染导致的疾病； 3. 认识到治理空气污染是每个公民的责任。	1	空气污染分类	空气污染的分类标准；污染主体；污染源；污染范围；污染程度。	小组主题讨论；自主探究、展示；角色扮演（儿童扮演被污染的空气,发表对人类的看法）
		2	空气污染的危害	空气污染对生态环境、人类和其他动植物的危害；空气污染是不可持续发展的经济模式。	
第二单元：空气污染的成因	1. 说出几种典型空气污染的原因； 2. 对典型污染成因的原理进行分析； 3. 体验到应用知识的意义和乐趣。	3	空气污染的原因	空气污染的构成要素；空气污染物的化学成分；空气污染物的形成原理。	小组做实验；观看相关纪录片
		4	空气污染的科学原理——以PM2.5为例	PM2.5的构成要素；PM2.5的成分及形成原理；各国治理PM2.5的措施。	
第三单元：空气污染的治理	1. 深切感受到空气污染的危害及自己肩负的责任； 2. 说出治理空气污染的几种典型方法； 3. 发现身边污染源。	5	空气污染治理策略	空气污染治理的国家策略比较；适合我国的策略。	小组文献整理汇报；污水厂探秘
		6	污染源探寻	发现身边污染源以及污染形式、危害程度。	
第四单元：空气污染宣传	1. 了解标语、广告、演讲、案例分析等宣传手段及其意义； 2. 会制作污染宣传标语； 3. 提高参与意识和责任感。	7	空气污染的案例分析	空气污染的案例分析——以1952年伦敦雾霾事件为例。	案例分析展示；社区展示活动情况
		8	宣传标语制作	制作宣传标语和PPT,到社区中宣传。	

课程学习评价

评价对象	评价方式	优	良	中	差
活动评价	小组陈述是否积极参与				
	小组活动是否与他人良好合作				
	小组活动中是否勇于表达自己观点				
	对课堂内容是否存在疑问,是否可以提出有价值的问题				
语言评价	语言的准确度				
	语言的流利度				
	语言的语音语调				
	表达内容的完整性、结构的条理性、思维的开放性				
成绩评定	关注学习的整个过程,重视学习过程中的参与度,结合语言表达的程度综合评定。				

"空气污染与治理"教学方案

单元: 第三单元
周次: 第六周
课时数: 2课时
主题: 空气污染的案例分析——以1952年伦敦雾霾事件为例

背景分析

本单元为《空气污染与解决策略》教学模块中的第二教学单元。在第一教学单元讲解了PM2.5和中国雾霾情况的成因和治理,为本单元的学习做了很好准备。作为第二学习单元,课程旨在引导学生回顾和反思伦敦雾霾事件,加深对中国雾霾和空气污染的认识,以史为鉴,反思历史经验和教训,引导学生思考实践环保低碳生活方式的重要性。为接下来的几个教学单元(全球变暖、低碳经济和低碳生活方式以及新能源与可持续发展的城市模式)作很好的铺垫。因此本单元在整个教学模块中起到承上启下的重要作用。

学生在第一单元中,已经对PM2.5的概念、成因、PM2.5与空气污染关系、中国空气污染现状和治理现状有了较为深入的了解。通过1952年伦敦雾霾事件的分析对比,科学地认识当下的中国雾霾,从历史中寻找启示,反思历史经验和教训。

学习目标

1. 了解1952年伦敦大雾霾事件的原因、事件经过、事件影响、伦敦治理空气污染的方法措施。

2. 对比分析伦敦雾霾事件与中国雾霾事件的异同点,反思英国的历史经验对中国处理类似事件的启示,并从多角度分析并提出合理化设想和建议。

3. 学习团队合作和分享。

学习评价

1. 课堂和小组活动的积极参与,及在小组中的贡献。

2. 是否能流利表达伦敦雾霾事件,是否可以陈述中英雾霾事件的异同点,能分析并提出合理化设想和建议,思维开阔,角度多样化。

3. 表达过程中语言的流畅性和内容的完整性。

学与教活动实施

1. 引入环节

听一段伦敦雾霾事件当事人的访谈录音 The 1952 smog killed Rosemary Merritt's father. Hear her story. 用问题—回答的方式引入学习主题,并关注听力中的一些历史细节。

2. 主题教学第一层次——了解1952年伦敦雾霾事件

阅读关于 London Great Smog 的三篇文章。学生在小组内共同学习三篇文章并完成活动指南中的学习任务。教师应关注并及时了解学生的阅读状态。

(1) The Great Smog of 1952 侧重介绍伦敦雾霾事件,完成填空,了解事件过程。

(2) The Killer Fog of '52 是伦敦雾霾事件当事人的回忆。要求准备一段2分钟演说:假设你是 Stan Cribb,如何讲述1952伦敦雾霾的亲身经历。

(3) 1952: London fog clears after days of chaos 侧重伦敦雾霾事件的影响和治理。学生完成填空练习。观看 The Great Smog in 1952 视频,进一步直观了解伦敦雾霾事件。

3. 主题教学第二层次——对比1952年伦敦雾霾和中国空气污染

小组讨论环节一:伦敦雾霾事件与中国今年的雾霾事件的对比分析(从时代背景、发生时间、形成原因、雾霾成分、社会影响、公共卫生危害等角度思考)。教师可适当启发思考角度。学生按小组开展主题讨论,并做好提纲、记录,最后完成小组陈述。

小组讨论环节二:英国治理空气污染对中国处理类似事件的启示,提出合理化设想和建议(从国家、社会、社区、家庭和个人等多角度)。

学生开展小组讨论,做好班级陈述。

4. 主题教学第三层次——课堂总结

教师总结伦敦雾霾事件与中国雾霾事件的异同,归纳学生提出的各种解决策略,倡导学生提高环保意识和个人绿色低碳生活方式的实践,为下阶段学习做铺垫。

5. 活动拓展环节(作业)

(1) 调研小论文:从工业革命时期伦敦城市发展的模式去分析1952年伦敦雾

霾事件的深刻启示。

(2) 阅读狄更斯小说《雾都孤儿》中对当时伦敦环境描写的片段。

(3) 拓展阅读微信短文《追溯——洛杉矶雾霾50年，第一天以为是短暂几天，没想从此50年》。对比中、美、英雾霾事件的异同，并找出史上十大空气污染事件。

"农艺"课程纲要

课程简介： 农耕文化是我国传统文化的重要组成部分，学习农耕文化不仅有利于了解、传承中国传统文化的精髓，还对提高学生的实践能力、操作能力及在实践中运用知识、技能的能力有重要意义。"农艺"课程遵循《上海市学生农村社会实践教育指导大纲》及"二期课改"的理念，通过向学生介绍农史、农政、农技、作物、养殖、益害、水利、土壤、习俗、文艺等方面的农耕文化常识，激发他们对农业文化的学习兴趣，促使他们贴近生活，将书本知识与动手实践相结合，提升综合学力。

适用对象： 初中1—3年级，对农学感兴趣者

总课时： 10周/学期，1次/周，2课时/次，45分钟/课时，共20课时

设计者： 蒋廷芳/普陀区中小学社会实践服务中心

背景分析

农耕集聚了我国先民的勤劳和智慧，在莽莽荒原上扎下了辉煌的文明之根，使中华民族屹立于世界民族之林。在凝练并践行社会主义核心价值观的今天，作为国家未来的建设者和接班人，学生应通过农村社会实践，自主地学习中华农耕史，了解党的"三农"政策，思考农民、农业和农村问题，从而自觉承担起推动中华文化继续前行的重任。《农耕文化常识读本》系列课程，以农耕文化作为教育载体，在普及内容丰富的农耕知识的同时，配以精彩有趣的农耕实践活动，将历史与现实、理论与实践、动脑与动手、责任与使命、基地与社会有机地结合起来，增强青少年学生对中华民族文化的认同感，使他们在实践中感悟、体验、内化、升华，激发起担负传承中华五千年农耕文化的历史责任。

课程学习目标

1. 通过农史篇、农政篇，了解我国的农业历史和农学思想；通过农技篇、水利篇、土壤篇，了解不断发展的农业科技；通过作物篇、养殖篇、益害篇，了解人们的衣食住行离不开农业；通过习俗篇、文艺篇，了解表现劳动人民思想情感的风俗习惯和文化。通过知识的学习，学生能掌握一定的农业生产技能。

2. 结合ppt、视频短片学习，学生了解农耕知识；通过小组合作学习，学生能生发关注社会、发现问题、主动探究意识；借助传统型的农业生产劳动、趣味性的民俗

游戏、综合性的实践活动,学生在实践中感悟、体验、内化、升华。

3. 增强对我国农耕文化的认同;激发对农耕文化的兴趣,拥护国家的农业政策,对我国的农业发展给予关注。

课程学习安排

单元名称	单元目标	周次	活动主题	学习内容	实施策略
第一单元:农史与农政	1. 了解传统农业到现代农业的发展历程; 2. 说出关键特征及关键事件; 3. 理解农业在我国的角色地位; 4. 熟悉我国的农业国策。	1	初识农史农政	学习相关基础知识;查阅先贤先哲们的伟大功绩;关注考古遗迹中的农业发现。自主学习我国土地制度的改革及相应农业政策。	以小组为单位进行学习、走访
		2	走进农业	走访农家、农家乐或参观现代农业。	
第二单元:农技与作物	1. 了解影响农业发展的关键技术; 2. 能把关键技术与学科知识领域对应起来; 3. 了解不同地域代表的农作物; 4. 能识别农作物的幼苗和果实。	3	中华农技与作物	学习相关基础知识;寻找传统农业生产工具;查找资料了解育种技术的发展;识五谷;从"谁来养活中国"看待我国和世界的粮食问题。	结合参观农田及种植体验实际开展学习
		4	农田趣赛	参加农业技能操作(草编、五谷画等);开展户外生存体验活动(野炊等)。	
第三单元:养殖与益害(2课时)	1. 了解畜牧业和渔业的发展史; 2. 知道人类益害观的判断依据; 3. 认识害虫、益虫、益鸟、益兽,防患入侵生物; 4. 唤起对生态环境的保护意识。	5	六畜与益害	学习相关基础知识;标识六畜;查阅资料,谈谈如何认识和面对禽流感;益害对阵图;探讨如何科学有序地引进外来物种。	注重引导学生自主学习
		6	生物乐园	开展禽畜喂养;生物多样性观测;辩论赛。	
第四单元:水利与土壤	1. 了解水利工程的构成; 2. 知道水利工程对农业的价值; 3. 简单地设计分析水利工程的原理; 4. 分析土壤的形成与特点,珍爱农田,保护土壤。	7	水土交融	学习相关基础知识;为我国水资源的缺乏想良策;查找资料,完成古代著名水利工程表;为耕地面积的急剧减少提建议。	指导土壤问题科学探究小组报告
		8	乐趣培植	学习尝试基质栽培、水培等基本技能。	

续　表

单元名称	单元目标	周次	活动主题	学习内容	实施策略
第五单元：习俗与文艺	1. 了解不同地域尤其是长江三角洲及上海本地农耕习俗； 2. 能说出几种典型的风俗并简单介绍； 3. 意识到风俗带来文化及身心发展的意义； 4. 感受农艺的博大精深，培育对传统文化的敬爱； 5. 农耕文学的发展、乡土艺术的流传与创造都是劳动人民的思想和情感的映射。	9	农耕文化	学习相关基础知识；体验观测物候、包粽子、茶工艺的操作与探究；搜集农耕文学作品；美文赏析；体会古曲雅韵。	可结合举办一些农业民俗汇演
		10	快乐农节	开展模拟节庆活动（体验节日民俗）。	

课程学习评价

　　本课程属于社会实践性课程的范畴，重点培育学生动手实践能力、操作能力以及对祖国文化的认同感、自豪感。根据课程的属性，课程评价设计侧重于表现性评价任务的设计。在表现性评价任务设计当中，可采用多元评价的策略，包括学生自评与他评，过程性评价与结果评价，小组评价与个人评价等。其中，每一项评价任务都会及时对学生的学习现状以及学生可达到的期待反馈给学生，充分发挥评价的发展效应。具体的操作性的评价设计见各单元案例设计。

"农艺"教学方案

单元： 第二单元
周次： 第四周
主题： 农田趣赛
课时数： 2课时

背景分析

这节农田趣赛活动是在学生学习了第三章农技和第四章作物的基础上，创设体验情景，让学生参与到富有浓郁民间特色的农事劳动中去，真切了解基本农事活动，体验农民种地的辛勤，进而关心农业生产，对我国农业科学技术的飞速发展充满自豪感。

重点： 创设农民劳作的情景，让学生在游戏竞赛中参与传统农田劳动。

难点： 通过农田趣赛，感受传统农业的劳作方式，体会农业科学技术的重要性。

学习目标

1. 通过竞赛活动，学生能认识和分辨五谷，体会插秧收秧的劳动方式，掌握挑担的正确方法。

2. 在学习农技和作物的基础上，学生以班级为单位进行竞赛。

3. 通过农田趣赛，了解我国传统农业的劳作方式，感受农民农作的艰辛，真正理解"谁知盘中餐，粒粒皆辛苦"的道理，培养热爱劳动的品质和坚韧不拔的意志，体会团队合作的重要性与快乐，树立为农业科技的发展努力学习的决心。

学习评价

1. 小组PK赛，让不同小组对五谷杂粮进行识别，识别率最高的小组获胜，检验学生对基本农业知识的掌握程度；

2. 小组插秧比赛，亲临农田让学生进行插秧比赛，通过实际操作检验学生学习水平；

3. 通过让学生分享自己在日常生活中观察到的一些浪费、挥霍粮食的现象，评价学生对珍惜劳动果实的认识程度。

学与教活动实施

1. 激趣导学

(1) 介绍趣赛的三项内容，唤起学生学习热情

(2) 讲解比赛规则，淘汰及奖励机制

(3) 各班组织参赛队员了解熟悉规则

2. 活动开展

(1) 夹五谷——认识并分辨五谷

比赛规则：只能用筷子夹五谷；按稻、麦、黍、稷、菽的顺序夹五谷；必须把五谷从盘里夹到碗内。

比赛方法：每队由5男5女组成，每队第一人拿好筷子，从起跑线快速跑到五谷盆前，把稻全部夹到碗里，快速返回与第二人击掌，第二人快速跑出……依次进行，直至每队选手夹完并跑完一圈，以最先完成任务的队伍为胜利。

(2) 快种快收

体验农民插秧、收稻的传统农事劳作。

比赛规则：插秧时，只能以后退的方式，一个一个地插入插秧器的指定孔中；收割时，只能往前，不能遗漏，否则需补漏。

比赛方法：每队由5男5女组成，各队成纵队站于起点，各队排头拿12棵"秧苗"。发令后，排头跑到插秧器，把秧苗插上，完成后跑回起点，与第二人击掌。第二人跑出，把"水稻"收回，跑回起点……依次进行，以最先完成的队伍为胜利。

(3) 挑担子

比赛规则：挑担时，担子里的"南瓜"不可掉落。

比赛方法：每队由5男5女组成，各队成2列纵队站于起点和终点，起点各队排头挑着有"南瓜"的担子跑向终点，将有"南瓜"的担子交给终点第一人……依次进行，以最先完成任务的队伍为胜利。

"书法与生活"课程纲要

课程简介

《书法与生活》是《墨舞童趣（低年级）》《笔舞童真（中年级）》《毫挥童韵（高年级）》三个系列书法课程中《笔舞童真》系列之一，内容包括：书法贺卡、书法春联、书法小报、五体福字等八单元。本课程遵循"乐学、寻真、尚美"的理念，尤重"寻真"，通过"书法与生活"的活动，学生在快乐、互动中学习书法技能、懂得做人道理、了解传统文化、培养动手能力、激发创新意识。课程将"书法知识技能"、"传统民俗文化"、"文学知识"、"美的生活"、"社会实践"等内容融合。

适用对象：小学3—5年级，具备初级书法基础

总课时：18周/学期，1次/周，2课时/次，45分钟/课时，共36课时

设计者：程峰/中国福利会少年宫

背景分析

近年来，书法教育越来越受重视，《解放日报》《文汇报》等各大报刊纷纷刊登要重视书法教育的相关文章，教育部还出台了《中小学书法教育指导纲要》。中国汉字作为一种极具艺术性的实用书写形式，已有几千年历史，留下无数书法艺术珍品，书法在中国古代与人的生活息息相关。而书法在当代与人的生活、学习、工作也有着密切的关系，对于我们学生来说，学生的生活、学习到处有书法，如我们写一幅励志书法作品挂在教室墙上，可以美化教室环境；写一幅书法小贺卡寄给亲戚朋友，可以表达亲情友情；制作一张书法小书签、题一幅书法封面，可以让读书更有情趣。

然而，目前的校内外书法教育有偏重技能、忽视书法多元育人的倾向，为了充分发挥书法教学"育德"、"启智"、"尚美"等的多元育人功能，为学生终身发展夯实基础，目前我单位组建了"专兼职书法教师"、"书法教育专家顾问"等团队为书法教育教学活动提供了最优质保障。本课程《书法与生活》已编撰完成，并将各单元、各课时的内容安排到各学校少年宫和培训班试用，同时在听取专家、教师意见后作了一定调整。课程实施不受条件限制，校内、校外都能实施。

课程学习目标

1. 学生在参与以书法这一艺术形式为载体的,和生活息息相关的学习活动中,掌握关于一种字体的书法基础知识、练习一种字体的书写方法,提高书法基本技能和书法创作能力;

2. 学生通过在"趣味书法故事"、"书法与民俗文化"、"书法与文学"、"书法美的生活"、"书法多元展示"、"书法创作与合作创作"、"书法社会实践"等多元活动的过程中,开阔眼界,丰富知识,了解传统文化精华。

3. 学生在书法多元学习的过程中,激活审美情趣,通过学习不同书法载体的布局,提升表现美和创造美的能力,体会平衡之道。

4. 学生通过活动合作、活动互动等,完成小组作业,在分工合作中学会与人交往、相互团结、相互协作。在多元化的书法学习中,得到综合素质的多元发展。

课程学习安排

单元名称	单元目标	周次	活动主题	学习内容	实施策略
第一单元:写贺卡	1. 了解与初步体验吉祥语文化、贺卡文化; 2. 能写相关小作品; 3. 学会创作书法贺卡,在交流中与伙伴相互取长补短。	1	吉祥用语	贺卡特点,吉祥用语及书写练习,欣赏贺卡。	新年同学间互赠新年书法贺卡,或赠予老师、前辈等。
		2	书法贺卡创作	古代贺卡小故事,创作贺卡,交流评价。	
第二单元:写纸盘	1. 了解与体验瓷盘文化; 2. 学会团扇形制的书法作品; 3. 学会创作书法纸盘,并布置相关小展览,体验伙伴合作的乐趣。	3	趣味团扇形制	了解瓷盘艺术,团扇书法作品练习,欣赏艺术瓷盘。	可另组织写瓷盘夏令营等活动。
		4	书法纸盘创作	瓷盘小故事,书法纸盘创作,纸盘架制作,学生书法艺术纸盘小展览,交流评价。	
第三单元:写小书签	1. 了解励志用语、修养用语,体验励志对成长的作用; 2. 学会条幅形制的书法作品; 3. 初步了解书签文化,学会创作书法小书签,学习伙伴间相互鼓励。	5	励志修养用语	了解小书签,相关小故事,励志修养用语及书写练习,欣赏书法书签。	书法小书签赠送老师、同学,互相激励爱好读书。
		6	书法小书签创作	书签探究,相关小条幅创作、创作制作书签,交流评价。	

续 表

单元名称	单元目标	周次	活动主题	学习内容	实施策略
第四单元：写小报标题	1. 了解相关书法小故事，初步了解标题文化；2. 学会用书法写标题；3. 学会合作制作书法小报，增强体验合作的乐趣与作用。	7	趣味书法小故事	了解报纸标题，相关书法小故事，内容练习，搜集、剪辑书法故事。	手抄报、黑板报，都可用书法写标题，也可用学生书法题校名、书法教室名。
		8	书法小报创作	创作书法小报标题，合作制作书法小报，交流评价。	
第五单元："五体""福"字	1. 初步了解"福"文化；2. 学会五体福字写法；3. 学会"福"字书法作品，能合作创作"百福"长卷，在集体合作中学习分工合作。	9	"福"文化	认识五体福字，初步学习五体福字写法，知道五体福字产生的朝代。	合作创作"百福"长卷，可作为节目表演。
		10	五体"福"字创作	福字小故事，任选2—3种福字创作，集体创作长卷。	
第六单元：为教室、书房写作品	1. 初步了解名人名言文化；2. 学会用名言进行书法创作；3. 学会用自己创作的书法作品布置教室、书房，并与伙伴分享设计构思。	11	名人名言	了解教室书房作品布置，品读名人名言及书写练习，欣赏教室书房中的书法作品。	写相关小作品，也可放玻璃板下作座右铭。
		12	布置教室、书房	以"名人与名言"的小故事为素材，进行创作，交流评价。	
第七单元：写春联送春联	1. 了解春联文化，知道写春联、送春联的活动风俗；2. 初步学会春联创作；3. 参加模拟送春联活动，体验把祝福送给他人的喜悦。	13	春联文化	了解春联及书写练习，了解春联与民俗文化，对联文学。	可组织为老人、烈军属赠送春联，也可当场写春联、送春联。
		14	送春联	春联创作，模拟送春联活动，交流评价。	
第八单元：写扇面	1. 初步了解折扇文化；2. 学会折扇形制的书法作品；3. 学习书法折扇制作的方法；4. 在实践活动中，学习体验交流的方法与感受。	15	趣味折扇	了解折扇扇面，内容举例及练习，欣赏扇面书法，欣赏章法。	可组织扇面书法展，或为老人开展"夏送清凉——送折扇"活动。
		16	书法扇面创作	以小故事为素材进行书法折扇扇面创作，模拟"夏送清凉"活动，交流评价。	
第九单元：我们的书法生活	1. 了解几个古今书法与生活的故事，体会书法艺术对丰富提升生活品位的作用；2. 能进行2—3幅相关书法作品创作，并能加以解说；3. 学会与同学合作，布置创意生活书法展。	17	书法让生活更精彩	以书法与生活的故事进行相关创作。	根据实际，以小组、班级为单位布置展览，也可请家长参与观摩、评价。
		18	我们的创意生活书法展	布置展览，对自己创作的作品解说、评价。	

课程学习评价

本课程采用过程性评价与结果性评价相结合，多元主体评价贯穿全程的评价方法，具体如下：

1. 课堂及时反馈

(1) 教师使用"五角星"或其他激励性符号和语言肯定学生的"书法多元展示"、"书法文化"、"书法创作"、"合作学习"等方面的进步之处；获得足够多的"五角星"的学生将获得相应的"小喜报"，学生可将小喜报带回家，与家长共同分享成功的喜悦。

(2) 活动中，学生上台展示自己的作品，由同伴评价作品的字、章法、制作、创新程度等。

2. 建立档案袋

学生自制档案袋（或采用电子档案袋），在教师的指导下，学生选择存放每次活动创作的"满意作品"；每隔一段时期，学生按照教师要求从"课堂学习"、"同学合作"、"社会实践"等方面记录学习体验，写的"学习小体会"存入档案袋；另外，将"活动照片"、"小喜报"、"其他证书"等存入档案袋，反映学生的学习历程。

3. 举办展览

学期中，不定期举办1—2次作品小展览，同伴互评。

学期末，教师指导学生协作，创作长卷"五体福字"作品、各类"书法与生活"主题作品，并展出。教师从"作品艺术性"、"作品创造性"、"作品思想性"、"相互协作情况"等方面对学生作品进行评价。

评价要素＼等第	优秀	良好	合格	有待提高
作品艺术性				
作品创造性				
作品思想性				
相互协作性				

"书法与生活"教学方案

单元：写纸盘
周次：第二周
主题：书法纸盘创作
课时数：2课时

背景分析

本课时为第二单元"写纸盘"的第二课时，通过第一单元的训练，学生已积累了少字数的条幅、斗方作品，同时，学生掌握了所写内容的每一个字。在第二节课当中，着重引导学生形成对弧形布局的掌握和动手做一些简易支架的能力。本课时的重点：学生能够掌握写团扇形制的作品，进一步理解瓷盘（纸盘）艺术；本课时的难点：写团扇形制的作品。

学习目标

1. 学生学会写团扇形制的作品，包括"一字""四字""十四字"作品，"方形布局"、"随形赋字"的章法布局；
2. 学生能够自制简易书法纸盘架；
3. 学生通过听教师讲述瓷盘小故事，了解中国传统瓷盘文化。

学习评价

根据评价表对自己的作品进行自评；小展览小组互评；教师课堂即时鼓励性评价、对小展览评价；保存好小组小展览照片的电子档案袋。

学与教活动实施

1. 故事导入

《水浒故事瓷盘》

（1）呈现一系列水浒故事瓷盘的图片，教师请同学们欣赏"水浒故事瓷盘"，同学们分组讨论，描述瓷盘的内容和对瓷盘故事结局的预测。教师请同学们分享讨论的结果并总结几个关键的信息点。

(2) 教师向学生讲述水浒瓷盘的几个相关故事,学生判断自己的想象和预测是否与故事一致。

(3) 选几个水浒故事瓷盘重点欣赏。首先由学生分小组讨论每个瓷盘的特点,即表现手法、布局、技巧。然后全班共同分享讨论结果,教师进行有条理的总结。

(4) 针对水浒故事瓷盘中的故事,进行师生相互问答。学生向教师提问不清楚的内容,教师通过提问学生,考察学生对瓷盘特点的掌握。

2. 书法纸盘创作

(1) 选定创作内容1—2幅,请学生说说选择创作内容的理由,教师进行分析和指导。

(2) 教师给学生准备与纸盘同样大小的圆形宣纸,学生首先在宣纸上进行创作,作为草稿。学生创作完成后,按小组进行交流和互相评价,教师巡回指导。

(3) 针对第一次的创作进行修改,学生可以直接在纸盘上进行第二次的创作,也可写在与纸盘内圆同样大小的宣纸上,待稍干后,将写好的作品黏贴在纸盘上。

(4) 落款、钤印。

3. 制作简易书法纸盘架

(1) 教师示范,找一张硬纸板一折二;呈现示意图,教师按照示意图处理纸板,将剪完的图形展开45度,即可将自制的书法艺术纸盘架在上面。

(2) 学生自己完成简易纸盘支架。

4. 分组展示

(1) 以小组为单位,将课桌拼起来,合作布置一个属于各组的小展览。

(2) 组内首先进行分享,每组选一名代表,向全班同学介绍自己小组的作品。包括作品的内容和特点。

5. 评价

(1) 教师准备一些小贴纸,每位同学手里持一个贴纸,将贴纸贴到觉得最好的创作纸盘背面,评选出一个最受欢迎的纸盘。请获奖的学生分享他创作的思路和过程。

(2) 教师评。教师有针对性地对几幅作品进行点评,提出优点以及可改进的空间。

"智能机器人"课程纲要

课程简介

"智能机器人"课程属于提高型长课程中的专业先修类,并且以其独特的魅力,受到那些喜爱动手摆弄、擅长理性思维、富有创新精神的学生们的青睐。"智能机器人"课程更是一个充满智慧、乐趣和挑战的活动项目。学员在设计、搭建、调试、实验等活动环节体验思考与创新的魅力,懂得团队协作与集体智慧的重要,养成崇尚科技的素养。

适用对象: 小学四年级以上,具有智能机器人初级基础

总课时: 15周/学期,1次/周,2课时/次,45分钟/课时,共30课时

设计者: 徐强/江苏省太仓市青少年活动中心

背景分析

本课程开设的目的主要在于激发学生的创新精神、培养学生的创造能力。该课程的开发是伴随着国家"十一五"教育科学规划重点课题《构建城乡一体化校外教育运行机制的实践研究》的深入,我市的校外教育也已经步入了"学有优教"这一更高层次的进程。为实现"德育核心",彰显"地方特色文化",培养出创新精神和实践能力并重的学员,我中心多位教师综合多年来的教学积累正在创编校本《智能机器人》课程,本课程纲要就是依据此课程中级第一期内容所编制。

课程学习目标

1. 掌握常规机器人电子器件工作原理和使用技巧,能够独立操控智能机器人实现特定功能。

2. 经历独立思考、自主学习、开拓创新等过程,建立感性认识,发展理性认识。

3. 养成崇尚科学、团队协作、高尚品德等优良品质,具有一定的科学素养。

课程学习安排

单元名称	单元目标	周次	活动主题	学习内容	实施策略
第一单元：机器人之间的沟通	1. 探究循环、容器、随机数发生器等程序的功能与特性； 2. 通过实验过程掌握机器人之间传递信息的方法； 3. 在无声的沟通过程中体验从好奇到熟练掌握后的兴奋心情。	1	发送与接收信息	调用"发信"程序发送数字；利用信箱收取信件。	教师讲解基本的原理，学生小组合作完成
第二单元：奔跑吧，记得沿着线哦	1. 掌握利用光电传感器识别灰度技能； 2. 理解并灵活运用智能机器人沿黑线（或白线）行走的基本技能； 3. 探究条件分支、跳转等程序的功能与特性； 4. 体验机器人沿线运行的速度快慢与稳定性之间的关系，形成调试机器人的均衡策略意识； 5. 初步体会"思想有多远就能走多远"的含义。	2	跟我学发声	一个机器人先发出声响，发完后将声数量信息发送给对方，对方根据接收到的信息也发出相应次数声响。	分成小组，合作完成
		3	暗号识别"自己人"	在一群机器人中找出之前约定好的那个"TA"。	小组合作，采用竞赛的形式，用时最少的获胜
		4—5	密码锁与钥匙	小组独立完成密码锁与开锁钥匙的设计和展示。	教师讲解基本的原理，探究方法完成
		6	认识光电传感器	光电传感器测量不用颜色对象值的研究；光电传感器与测量对象距离与测量值关系的研究；自动路灯系统设计。	查阅相关的文献资料，小组交流，讨论；分工合作完成
第三单元：动起来，记得沿着线哦	1. 掌握利用光电传感器识别灰度技能； 2. 理解并灵活运用智能机器人沿黑线（或白线）行走的基本技能； 3. 探究条件分支、跳转等程序的功能与特性； 4. 体验机器人沿线运行的速度快慢与稳定性之间的关系，形成调试机器人的均衡策略意识。	7—9	单光感的沿线行走	"抖动法"沿线行走；"抖动法"沿线行走距离的控制；弯道PK赛。	单独练，采用竞赛的形式，按照用时多少排列成绩
		10—11	双光感的沿线疾走	双光感走线程序的设计与调试；"综合技能"场地行走。	教师讲解基本原理，学生小组讨论，合作完成
		12—13	三光感的沿线奔跑	调试三光感走黑线程序；三光感流畅奔跑比赛。	教师讲解基本原理，学生小组讨论，合作完成

续 表

单元名称	单元目标	周次	活动主题	学习内容	实施策略
	5. 体会"思想有多远就能走多远"的含义。	14—15	线控机器人	装配线控装置（每组提供三个触动传感器）；线控沿线行走比赛；线控功能拓展。	教师讲解基本原理，学生小组讨论，合作完成

课程学习评价

评价要素 \ 评价等第	优秀	良好	合格	需努力	自评	学生评	家长评	教师评
观察聆听能力								
实践操作效率								
道德行为水准								
身心愉悦程度								
团队荣誉感								
兴趣爱好发展								
创新创造能力								
参与公开展示								

评价说明：以在教学过程中填写、记录、分析、调整、反馈的形式产生的过程性评价为主要类型；学期结束前的学员汇报单（道德、纪律、出勤、礼仪、学业等方面评定等级为形式）评价；学员自评、互评，教师与家长评价相互结合。

"智能机器人"教学方案

单元： 机器人之间的沟通
周次： 第2周
主题： 跟我学发声
课时数： 2课时

背景分析

本课题内容是中级第一单元第3、4次课程所要探讨的问题，也是在上两次课学员已经掌握发信和收信基本技能基础上的拓展，是一次灵活运用所学技能与实践的实验课。

主题描述：1. 基本要求：两位学员一个小组，成员A编写程序控制机器人发出随机次数（为节省时间，建议最大不要超过10次）鸣叫并且将鸣叫次数作为信件发送出去，成员B根据接收到的信件内容进行跟随鸣叫同样次数的操作。

2. 拓展要求：鸣叫的声调也作跟随。本主题重在有效引导学员在理解课程意图的基础上合作设计出有效的实验方案并完成实验过程。指导学员达到拓展要求是难点。

学习目标

1. 全面细致理解机器人发信、收信工作特点与规律。
2. 灵活应用机器人收发信实验技术与方法到具体实践项目中。
3. 队员之间合作实现课堂任务，实现互信、互助，增进友谊。

学习评价

评价项目	知识与技能	过程与方法	情感态度价值观	出席、纪律、道德表现	创新意识
五星级描述	知道机器人所发信件就是一个数字；明白信件一旦发出，在一定接收范围内的机器人都会收到，也就是说收信机器人不能离发信机器人太远。	能够迅速编写发信、收信程序；组织收发信实验活动流程高效。	小组内团结一致；能够友好地达成组内一致意见；队友之间平等互助、友好相处；集体荣誉感强烈。	不迟到、不缺席、不早退；遵守纪律；爱护公物、尊敬师长。	善于分析与思考，有创新意识或理念；能够创造性、开拓性的完成课堂任务。

续 表

评价项目	知识与技能	过程与方法	情感态度价值观	出席、纪律、道德表现	创新意识
自评星级					
组评星级					
教师评星级					
星级小计					
合计星级					

评价说明：所列文字描述是单项最高五星级（优秀）标准，评价时可根据实际适当减少星级。

学与教活动实施

结合具体教学内容和教学方式，按照教学环节，设计学生活动和教师活动。

1. 情境导入

提问：我们的机器人会相互模仿吗？请学生展开想象并讨论这个问题。

接着请学生谈谈自己的想法：如果认为可以，那么描述一下怎么实现。

最后提出主题：今天我们就要"教会"机器人模仿对方"跟我学发声"。

2. 问题描述

模仿有多种形式，今天我们所要实现的"跟我学发声"主要是鸣叫声音的模仿，即机器人 A 鸣叫几声，机器人 B"听"到后也能鸣叫几声。

3. 问题分析

我们都能够控制机器人鸣叫，那么模仿其他机器人鸣叫要借助什么工具呢？此时展示已经提前准备好的两个能够模仿鸣叫的机器人表演"跟我学发声"。演示完成后收集列出学生的想法并一一列出在屏幕上。

提示：我们人类的模仿声音首先是要用耳朵听，再用嗓子发声，那么机器人能听见声音吗？显然不行，怎么解决听觉问题呢？针对问题展开讨论，得到的各种答案罗列出来供大家参考和进一步思考。（表扬有创意有想法的学生，不论可行性如何。）再次提示：想想我们之前课堂上练习过的发信和收信这项技术能不能利用起来呢？

4. 问题的解决

将学生分成若干两人组，请学生根据提示借助发信和收信的方式实现模仿鸣叫"跟我学发声"实验。

一段时间后下发随堂评价表单给学生,做好"自评星级"和"组评星级"两项。

接着请各个小组分别上台展示取得的成果。展示结束,收齐评价表单。教师给出参考方案并对各个小组的表现进行点评。明确方法后给予学生一定时间继续模仿这个游戏,期间教师完成评价表单"教师评星级"部分。

5. 问题拓展

相信大家现在能够使唤机器人模仿了,那么鸣叫的每个"音"都能模仿吗?就是说跟机器人能鸣叫出和前者一样的声音吗?

重复提示——尝试——再提示——再尝试,直至接近解决问题。(对于能够解决拓展问题的学员进一步评价星级)

"亲子应急避险"课程纲要

课程简介

本课程属于普及型短课程中的体验活动,课程立足于儿童的安全教育,主要以模拟实训、情景游戏的形式,使儿童及其家长了解安全教育的知识,掌握应急避险的技能。在课程活动中,趣味性、参与性和合作性相结合,寓教于乐对于学生和家庭掌握基本的应急避险技能,提高应对危险的能力有很大的帮助。本课程在2014年被上海市校外联立项成为上海市中小学生社会实践优秀项目,接待了近500户家庭参与体验,取得了良好的教育效果。

适用对象: 幼儿园大班至小学二年级孩子及家长

总课时: 2天,9课时/天,45分钟/课时,共18课时

设计者: 张军/上海市少年儿童佘山活动营地

背景分析

儿童的安全离不开社会、家庭和孩子的共同防护,只有树立安全意识,提高防护能力,才能为孩子筑起一道安全墙。本课程致力于弥补目前儿童在家庭生活中的安全教育薄弱现状。通过模拟实训和情境游戏,普及安全知识,提高儿童的安全意识和应急避险能力,同时家长与孩子共同参与,增进孩子与父母的亲子关系。本课程被上海市校外联立项成为上海市中小学生社会实践优秀项目,结合项目活动,营地完善了活动的硬件建设,开展了有关安全教育的师资培训,在教学实践中不断充实和优化活动内容,并实施了活动的理论研究。截至2015年6月,营地已经接待了近500户家庭参与本课程活动,取得了良好的教育效果,多家媒体对营地的活动进行了相关报道,取得了一定的社会反响。

课程学习目标

1. 知道居家生活中基本的安全知识,掌握应急避险的技能:学会应对居家突发事件(如应对日常生活中下雨、打雷、地震等自然灾害,应对家庭火灾、防止锋利刀具伤害等),学会楼宇火灾逃生的技能,学会家用灭火器的使用方法,认识常见的安全标识,了解食品卫生知识等。

2. 学生和家长在拓展游戏中,增强责任感和团队意识,学会合作,并且亲近自

然,体验野趣,感受快乐。

3. 父母通过游戏活动,为孩子树立榜样作用,更好地实施家庭教育;家长和孩子通过活动,综合素养得到提升,感受生命教育的意义。

课程学习安排

单元名称	单元目标	时间安排	活动主题	学习内容	实施策略
第一单元：破冰游戏建团队	打破隔阂,增进了解,组建小组,体会集体建设的乐趣。	第一天上午	破冰行动	开展分组破冰游戏,选出队长、副队长,定队名、口号,设计造型,并进行展示。	参与活动的家庭被分为四组,通过破冰,形成团队开展活动
第二单元：楼宇火灾大逃生	初步学会楼宇安全逃生技能,并通过实践模拟体验合作互助的作用。		楼宇逃生	学习楼宇逃生的技能,体验家庭成员两人或者三人时如何正确保护孩子逃生,所有家庭成员通过安全绳从模拟的二楼窗台逃生,然后沿着安全标志从通道离开。	四个小队在学习了楼宇逃生的技能后,开展实践活动,进行团队比赛
第三单元：安全故事我找茬	学习了解居家安全知识,在团队活动中学习从生活细节上关心他人。		居家安全	家长和孩子一起通过多媒体的形式,分享居家安全小故事,由孩子指出故事中错误的安全行为,家长给予指导,通过亲子互动,学习居家安全知识。	家长和孩子一起互动,四个小队的孩子比拼对安全知识的了解
第四单元：安全标识对对碰	认识安全标识,并在游戏活动中体验亲子互动合作的快乐。		安全标识	通过游戏的形式认识安全标识,孩子拿着安全标识,家长拿着文字解释,在游戏互动中进行配对展示。	家长和孩子一起互动,在游戏的过程中认识安全标识
第五单元：用电安全大比拼	通过模拟游戏初步了解安全用电知识,体验亲子合作的快乐。		安全用电	回答安全用电的知识问题,回答正确后,家长和孩子共同穿越模拟电网。	游戏活动,四个小队进行团队比赛
第六单元：野外生存大演练	通过实践操作初步学习安全用火的知识与应急灭火技能,学习应对突发事件时心理的调节。		安全用火	学习野外灭火的技能,学习居家火灾的应对方法,了解家用灭火器并学习灭火器的使用方法。	教师指导学习灭火技能,孩子和家长一起体验灭火器的使用

续 表

单元名称	单元目标	时间安排	活动主题	学习内容	实施策略
第七单元：团队合作巧识途	通过参加定向活动,初步掌握利用地图查找位置坐标和步行导航的方法,体验活动中分工合作相互鼓励的情感。	第一天下午	定向活动	家庭成员根据地图和指定的点坐标开展定向活动,在规定的时间内完成任务。	四个小队开展城镇定向越野活动,进行比赛
第八单元：美食卫生大动员	通过合作制作蔬果作品,了解食品安全知识与方法,体验合作乐趣。		食品安全	家长成员以"我的安全我做主"为主题制作蔬果拼盘作品,在活动的过程中学习食品卫生知识,以及如何防止锋利刀具的伤害。	在活动中学习美食卫生知识和如何防止锋利刀具的伤害,蔬果拼盘作品进行展示评比
第九单元：地震灾害会应对	通过科普场馆参观了解地震的形成原因;初步了解地震时的救护技能;认识地震的危害与学会救护的重要性。	第二天上午	了解地震	参观上海地震科普馆,学习地震灾害知识,以及地震灾害发生时的自救互救技能。	教师引导参观,并对地震灾害知识进行讲解,家长和孩子一起体验学习自救互救技能
第十单元：自救互救学本领	在实践操作中初步了解应急救护知识和救护方法,体验帮助别人的喜悦。		应急救护	家庭成员共同学习应急救护知识,包括如何正确避险、自救互救等措施,并学习体验心肺复苏和止血包扎等实用急救方法。	家长和孩子共同体验学习,四个小组进行自救互救技能的比赛
第十一单元：安全体验我能行	通过体验活动,初步学会安全逃生方法,认识掌握正确应急避险的重要性。	第二天下午	实地体验	参观营地的安全体验馆,学习安全知识,体验119报警、模拟灭火系统、居家安全找茬、火灾逃生等互动体验,学习应急避险的技能。	教师引导参观,以孩子为主进行体验
第十二单元：安全知识大问答	参加问答比赛,巩固学到的安全知识;体验分享乐趣。		知识问答	参与安全知识问答,分享活动收获。	以小队为主,进行安全知识问答的比赛,并对整个活动进行总结分享

课程学习评价

本课程突出亲子互动,以拓展游戏的形式开展活动。每次活动组织 40 户家庭参与,分成四组,着不同颜色的服装。课程内容以先学习后实践为主要方式,在实践的过程中,以游戏比赛的形式开展,每一个课程单元结束后,教师会根据活动情况进行点评,综合比赛成绩宣布名次,评选出第一名、第二名、第三名和第四名,在全部课程结束后,根据所有课程参与情况,评选出最佳小队和优秀家庭。

评价项目 \ 评价等第	第一名	第二名	第三名	第四名
知识层面				
能力层面				

评价说明:本课程在实施的过程中更注重家庭成员的参与性,充分发挥孩子的自主性,在活动中培养他们的责任感和团队合作精神,课程评价突出过程评价,注重家庭成员,特别是孩子在活动中收获。

"亲子应急避险"教学方案

单元：楼宇火灾大逃生
时间：第一天上午
主题：楼宇逃生
课时数：2课时

背景分析

学生已有知识基础：学生和家长都知道火警报警电话是119，但对如何快速有效报警并不十分了解；大部分家长和孩子知道在烟道中逃生时应该用毛巾防护，并弯腰匍匐前进，但对于家庭成员如何相互配合，快速安全逃生经验还不丰富；对于被困室内时，不知道如何安全自救。

活动重点：知道火灾发生的原因，懂得如何防范。

活动难点：掌握火灾来临时正确的逃生方法，提高自救能力。

活动中我们将结合逃生环境（低层楼宇、烟道）与器材（电话、毛巾、逃生绳索）进行实际讲解与演习，力求使家庭成员能够理论与实践相结合，将学到的知识最大限度应用于实践，真正使知识内化，增强灾难来临时的自救能力，战胜逃生中的技能难点和心理难点。

学习目标

1. 知道火灾发生的原因，懂得如何防范。
2. 掌握火灾来临时正确的逃生方法，提高自救能力。

学习评价

评价项目 \ 评价等第	优	良	不合格
知识层面	准确知晓生活中火灾隐患和报警知识，并且懂得如何防范火灾发生。	基本知晓生活中火灾隐患和报警知识，并且懂得如何防范火灾发生。	在生活中火灾隐患和报警知识方面和如何防范火灾发生方面存在较大的漏洞。

续 表

评价项目 \ 评价等第	优	良	不合格
能力层面	当火灾来临时,快速准确地报警,并在规定的时间内和家人合作完成楼宇缓降逃生。	当火灾来临时,能及时报警,并在规定的时间内和家人合作基本完成楼宇缓降逃生。	当火灾来临时,不能及时准确地报警,并且不能在规定的时间内和家人合作完成楼宇缓降逃生。

学与教活动实施

1. 出示消防标记,介绍119是消防报警电话

(1) 认识火警电话119

创设情景表演(新年到了,强强和东东好高兴,两个人在一堆稻草旁放鞭炮,玩着玩着,突然草堆冒起浓烟了,他大叫起来:"不好啦,着火了!")

① 讨论"你怎么知道着火了?"

② 着火了我们该怎么办呢?

重点教育学生尽最大能力离开火源,找大人寻求帮忙。同时出示119图片,告诉幼儿119是火警电话。除了寻求大人帮助,我们还可以拨打报警电话。

(2) 遇到火灾应该怎样拨打119电话?

请个别学生模拟拨打119电话,其余学生评判是否正确。

教师小结:拨通119电话后,应说出着火点具体地址,以便消防人员能够快速到达,同时最好能够说出是什么引起的火灾,以便消防人员能够配备相应的工具。

(3) 火灾是非常危险的,我们在生活中应当怎样做才能避免火灾的发生呢?

引导幼儿说出预防火灾的方法,认识"防火"标志。(附属图片,加深认识)

① 预防火灾,小朋友们不能随便玩火。

② 不玩插座、插头和电线。

③ 不能随便燃放烟花爆竹。

④ 提醒爸爸不乱扔烟头。

⑤ 认识"严禁烟火",安全出口、灭火器等标记。

2. 学习自救逃生的本领

(1) 烟道逃生(老师运用烟雾发生器模拟火灾):如果家里着火了,一家人怎样逃生?

教师请家长和孩子共同体验烟道逃生,教师示范讲解,穿过浓烟逃生时,要尽量使身体贴近地面。当只有一个家长和一个孩子时,家长要将年幼的孩子保护在身体下;当有两个家长和一个孩子时,孩子要保护在两个家长之间。

重点掌握:身体要尽量蹲下,匍匐前进;用湿毛巾捂住口鼻;寻找安全出口快速逃离。

(2)窗口逃生:如果通道内已无法逃生,我们怎么办?

当各通道全部被浓烟烈火封锁时,可以利用结实的绳子,或将窗帘、床单、被罩等撕成宽度不小于20厘米的布条,拧成绳,用水沾湿,然后将其拴在牢固的暖气管道、窗框、床架上,被困人员逐个顺绳索滑到地面或下到未着火的楼层而脱离险境。

(3)卫生间避难法:楼层太高,无法窗口逃生,怎么办?

当实在无路可逃时,可利用卫生间进行避难,用毛巾塞紧门缝,把水泼在地上降温,也可躺在放满水的浴缸里躲避。

3. 楼宇火灾逃生演练

小组成员共同参与体验,当火警警报响起时,以家庭为单位,迅速从窗口利用绳索逃生到地面,并沿安全出口指示牌方向,穿过烟道,到达安全区。

逃生注意事项有:

(1)窗口逃生时,必须将孩子的防护带穿好后,先将孩子送到地面,家长再沿绳索滑下。

(2)烟道逃生时,年幼的孩子要保护在家长的身体下方,六岁以上的孩子保护在两名家长中间;通过烟道时,采用毛巾、口罩蒙口鼻,匍匐或弯腰靠墙通过。

(3)每个家庭必须在五分钟内用正确的逃生方法,完成窗口逃生和穿越烟道。每个人身上不能携带任何物品,如包、手机、相机等。

4. 延伸活动

(1)体验打绳结。

(2)如何用灭火器灭火。

"舞彩多姿"中华传统文化少儿舞蹈教学课程纲要

课程简介

本次课程涵盖了我国部分民间优秀传统艺术、古老民间技艺、民俗活动、诗歌词曲、传统节日、少数民族服装等多种传统文化,在原本单一的纯舞蹈专业训练中赋予深厚的文化底蕴。通过少儿舞蹈教与学,学习富有民族特色的以提炼、组织、美化人体动作为主要艺术表现手段,和空间性、时间性、综合性的动态造型,学习用身体语言和动作节奏来表现思想感情的艺术。

适用对象: 小学1—2年级,对舞蹈感兴趣的学生
总课时: 10周/学期,1次/周,2课时/次,45分钟/课时,共20课时
设计者: 沈凤羽/杭州青少年活动中心

背景分析

我国56个民族有着各自特有的传统文化,形成了富有各自特色的审美意识、行为模式和社风民俗。2014年3月教育部颁发了《完善中华优秀传统文化教育指导纲要》,明确提出要把中华优秀传统文化教育系统融入课程和教材体系中,分学段有序推进中华优秀传统文化教育。在这一背景下,我们青少年活动中心在舞蹈普及启蒙教学中,有针对性地融入我国一些民族优秀传统文化特点,开展舞蹈专业教学。

课程学习目标

1. 通过本课程的学习对中华优秀传统文化有初步的认识,通过观察、思考、学习,知道各领域优秀传统文化的特点。

2. 发挥自主学习、合作探究的能力,学习把握音乐与表情、动作的配合。初步培养感知能力、想象能力、理解能力,体验中华优秀传统艺术带来的舞蹈乐趣。

3. 通过模仿、想象,结合中华传统文化元素进行再创造,提高创造力,初步理解各地中华优秀传统文化与各地舞蹈直接的联系。

课程学习安排

单元名称	单元目标	周次	学习内容	实施策略
我是皮影小玩偶	1. 了解皮影戏的特点,理解皮影戏的操作原理; 2. 学习模仿皮影戏展现的皮影动作,初步掌握相关少儿舞蹈手位及步伐。	1—2	少儿舞蹈手位及步伐的学习。在感知、模仿、探索皮影戏影人表演特点的基础上进行少儿舞蹈基本手位及步伐的学习,要求动作呈现出皮影戏中影人的顿挫感。	观看模仿,小组讨论、展示
赛龙舟闹端午	1. 了解端午节的来源及重要庆祝活动。 2. 会用肢体语言表现赛龙舟的过程与激动喜悦之情。	3	少儿舞蹈吸伸腿训练。通过欣赏、了解、感受、模仿、学习,用吸伸腿及手臂的摆动来表现赛龙舟。	查资料,小组汇报;舞蹈展演
剪纸姑娘	1. 初步了解剪纸的基本技法; 2. 认识剪纸造型与舞蹈造型之间的关系; 3. 模仿剪纸中的舞蹈造型。	4—5	少儿舞蹈造型的学习。以剪纸作活动的切入点,通过认识剪纸艺术、初步体验后模仿学习剪纸中造型,从而延伸在舞蹈中一、二、三度空间概念以及运用一、二、三度空间进行舞姿造型。	操作展示;模仿训练、展示
春晓	1. 体会音乐与舞蹈的艺术共通性; 2. 熟练掌握后踢步、跑跳步。	6—7	少儿舞蹈后踢步、跑跳步的学习。以《春晓》为例,在了解古诗及古诗吟唱后进行后踢步及跑跳步学习。	情景创设、模仿、操作;体悟、展示
傣族泼水节	1. 在了解泼水节习俗的基础上,学习掌握规范的傣族舞基本手型、嘴型、手、掌型手及提翻手的动作要领; 2. 通过此教学内容,了解傣族舞蹈独有的风格特征。	8—9	傣族舞基本手型学习。在丰富学生传统文化的基础上开展傣族舞基本手型:嘴型手、掌型手及提翻手的学习	影片展播;个人模仿;技法训练与展示
民族服饰真漂亮	1. 通过观察蒙古族、藏族、维吾尔族、苗维服饰,了解四个民族的民族文化特色; 2. 通过观察、体验,初步了解及感知四个民族舞蹈的代表性动作。	10	认识蒙古族、藏族、维吾尔族、苗维服饰,了解及感知服装与舞蹈动作的联系,体验式学习四个民族舞蹈的代表性动作。	服装展示;分组研讨汇报;舞蹈展示

课程学习评价

评价对象	评价方式	优	良	中	差
小组展示评价	小组展示是否积极参与				
	小组展示中是否与他人良好合作				
	小组展示中的舞蹈动作规范、准确程度				
	对课堂内容是否存在疑问,是否可以提出有价值的问题				
个人展示评价	动作的准确度				
	动作的流畅性				
	舞蹈融入个人感情及创作				
	表达的完整性、结构的条理性				
成绩评定	关注学习的整个过程,重视学习过程中的参与度综合评定				

"舞彩多姿"教学方案

单元： 第一单元

周次： 第一周

课时数： 2课时

主题： 我是皮影小玩偶——少儿舞蹈基本手位及侧踵步的学习

背景分析

皮影戏，又称"影子戏"或"灯影戏"，是一种以兽皮或纸板做成的人物剪影，在灯光照射下用隔亮布进行演戏，是我国民间广为流传的傀儡戏之一。皮影戏中影人的结构设计巧妙，身子是侧面的，左右动作，每个关节都可以活动，表演起来俏皮、诙谐、传神。配音生动有趣，符合6—7岁学生的身心特点，这样的民间艺术能迅速激发学生探索、学习、创造的欲望。民间艺术能培养学生敏锐的感知能力、丰富的想象能力、透彻的理解能力，能带给她们以真的启迪、善的熏陶、美的享受。

此次教学对象是舞蹈初级班学员，年龄在6—7岁之间，对少儿舞蹈有初步的接触，具备一定的模仿力、想象力和创造力，自我表现欲望较强，有一定的求异思维和创新思维。随着程度的递增，对舞蹈基本功及舞蹈表现力的要求越来越高，部分能力相对弱的学员会对舞蹈兴趣减弱，严重的会产生反感。这就需要老师创造一个有意义、有童趣的舞蹈环境，让学生有兴趣地参加专业训练并大胆表演。本单元重点在学习正确、规范的手位，能对手臂动作的力度有效控制以及手臂动作中要呈现出皮影戏中小玩偶的顿挫感；难点在侧踵步上完成手位动作；要求整体动作呈现皮影戏中小玩偶的俏皮感和顿挫感。

学习目标

1. 通过观看视频，对皮影戏有初步的认识，知道皮影戏是我国最古老的民间传统艺术之一。

2. 通过舞蹈组合《我是皮影小玩偶》学习，掌握正确规范的斜下位、胸前位、斜上位及侧踵步。

3. 体验由民间传统艺术带来的舞蹈乐趣。

学习评价

1. 对皮影戏的特点表述的准确性。
2. 手位学习的正确度、规范性;对手臂动作的力度有效控制以及手臂动作中要呈现出皮影戏中小玩偶的顿挫感。
3. 在整体活动中的积极参与度,学习舞蹈时的热情。

学与教活动实施

(一)欣赏皮影戏

师:孩子们,你们看过戏吗?今天老师要请你们看一段戏,和你以前看过的一样吗?里面几位特殊的小客人,你喜欢吗?操作程序如下:

1. 教师与学生围坐欣赏皮影戏视频。
2. 这几位特殊的小客人你们认识吗?他们在干什么呀?(鼓励学生大胆回答)
3. 教师简介皮影戏:皮影戏,又称"影子戏"或"灯影戏",是一种以兽皮或纸板做成的人物剪影,在灯光照射下用隔亮布进行演戏。表演时,人们在白色幕布后面,一边影人,一边用当地流行的曲调唱述故事,同时配以打击乐器和弦乐,有浓厚的乡土气息。皮影戏是我国最古老的剧种之一。影人的身子都是侧面的,可以左右动作,每个关节都可以活动,表演起来俏皮、诙谐、生动。

(二)游戏:《争当皮影小玩偶》

师:你们想不想当一回皮影戏里的小玩偶?(想)那要请你开动小脑袋,如果你是皮影小玩偶的话,在影窗里会怎么表演呢?

1. 请全体学生在教室里自由想象、尝试练习。(鼓励学生要表演出皮影戏人物的俏皮感、顿挫感)
2. 请3—4位学生尝试练习,教师点评。(针对敢于表现、自信的学生,及时点评及时鼓励)。
3. 请3—4位学生进入影窗尝试表演。(配上背景音乐)

(三)教师情境引导,激发学生学习舞蹈组合的热情与兴趣

师:现在老师要把小朋友都变成皮影戏里的小玩偶,我们一起来学习皮影小玩偶的特殊本领吧,只有掌握本领的小朋友最后才能进入影窗进行表演哦。

(四)在教师情境引导下,学习舞蹈组合《皮影小玩偶》

1. 学习正确、规范的手位,强调动作的力度以及要求动作中要呈现出皮影戏

中小玩偶般的顿挫感。(重点)

(1) 教师示范讲解剖析斜下位,学生认真观察后模仿学习。

(2) 教师示范胸前位,学生剖析动作,总结动作要领后自主学习,教师巡回给予一定的引导与鼓励。

(3) 教师播放PPT课件斜上位的小玩偶简笔画,学生观察、思考后尝试学习,争当全班的小老师。

(4) 完整练习该舞段,教师采用多种教学手段不断巩固复习。比如:老师和你们比一比(集体练习,评价:争取五颗星),星星月亮组比一比(分组练习,评价:放鞭炮或送大拇指),小老师带我们练一练(利用优生资源开展生生教学,评价:亲一亲或抱一抱)。

(5) 学生感受音乐进行练习,老师给予一定的示范。

2. 学习侧踵步,并在侧踵步上完成手位动作。要求整体动作呈现皮影戏中小玩偶般的顿挫感。(难点)

(1) 教师示范左侧踵步,学生观察、剖析后自主学习。教师巡回检查,针对存在问题及时指正并要求规范掌握后集体练习。

(2) 玩偶和我比一比:在学会左侧踵步后,请学生尝试完成右侧踵步。

(3) 教师播放PPT课件小玩偶简笔画,请学生参照并自我评价:我和玩偶谁最棒!

(4) 侧踵步与手位配合练习,教师语言引导,学生自主配合练习,教师给予一定的引导与鼓励,请优生示范,完成学习。(强调动作的力度以及要求动作中要呈现出皮影戏中小玩偶般的顿挫感)

(5) 分组练习,生生互评、教师引领规范掌握。

(6) 合音乐完整练习该舞蹈。

(五) **表演舞蹈组合,再次激发舞蹈热情**

师:今天我们学会了皮影戏小玩偶的特殊本领,终于可以去影窗里进行一次特殊的表演喽!

1. 分组进入影窗表演,生生互评。

2. 教师随机录摄表演视频后现场播放,共同评价、谈话,为下一次的表演提出更高的要求。

弹童谣学伴奏课程纲要

课程简介

"弹童谣学伴奏"课程是为具有一定键盘基础的学员开设的伴奏初级课程,具有较强的实用性。课程针对学生现有的认知水平和弹奏能力,从基础的乐理知识开始,由浅入深地学习了解和弦功能、学生能模仿老师的方法进行初级的童谣伴奏,最终初步掌握运用伴奏织体的方法。通过欣赏、对比、模仿、弹唱的手法,激发学生对即兴伴奏的兴趣,在小组讨论和实践过程中逐步养成学生独立思考、探究创新的意识,体验团队合作的重要性。

适用对象: 小学三年级以上具有一定键盘基础的学员

总课时: 15周/学期,1次/周,2课时/次,45分钟/课时,共30课时

设计者: 吴珏韵/上海市青浦区青少年活动中心

背景分析

虽然这一层次的学员已会视谱弹奏,但是遇到喜欢的乐曲时却因没有伴奏而无从下手。学生的心愿即是指引我们教师带领学生探索伴奏技能,感受音乐,创新实践的灯塔。随着音乐教育的蓬勃发展,学习键盘的孩子数以万计,在当今社会重视实用型技能培养的背景下,本课程的开发旨在结合学生的年龄特征,接近生活,选择他们喜欢的童谣,从模仿单音伴奏开始,把伴奏的知识技能与"拍艺术照"的环节挂钩,激发他们的好奇心,教师用鼓励和表扬的方法,帮助他们建立学习的自信。在实践活动中,团结互助的小组合作形式,使他们能愉快地交流分享作品,互相学习提高。教师注重学生个性化思维和艺术创新能力的教学,学生在每次的作业中体验伴奏创作所带来的乐趣和成就感。

课程学习目标

1. 以童谣为教材,学会伴奏的基础知识和技能,尝试为童谣伴奏。
2. 通过小组合作创作伴奏活动,把技巧与创作相结合,主动探究伴奏的灵活运用。
3. 将丰富多姿的伴奏技巧融入到创作中,感受童谣的美,体验创作伴奏的乐

趣和分享伴奏的成就感。

课程学习安排

单元名称	单元目标	周次	活动主题	主要内容	实施策略
第一单元：童谣的伴奏基础	1. 为旋律打拍的过程中，模仿用Ⅰ、Ⅳ、Ⅴ和弦的根音配伴奏。2. 师生探究童谣的伴奏，学生初步掌握和弦伴奏的基本方法。3. 在学习童谣伴奏的过程中，体验配伴奏的快乐，了解并对童谣伴奏逐渐产生兴趣。	1	活动：摄影入门1	用Ⅰ、Ⅳ、Ⅴ根音为童谣配单音伴奏	挑选学生喜欢的童谣，从模仿单音伴奏开始，把伴奏的知识技能与"拍艺术照"的环节挂钩。注重实践活动，多采用互助的小组合作形式，多交流分享作品。侧重学生个性化思维和艺术创新能力的教学。多提供展示机会。
		2	活动：摄影入门2	协调旋律中的和弦外音及小节内的换和弦	
		3	活动：摄影入门3	低音八度跳进及八度内附加五度音	
		4	活动：摆Pose学摄影——简单的键盘和声练习	用Ⅰ、Ⅳ、Ⅴ、V_7和弦配弹	
		5	活动："化妆与发型搭配"——童谣色彩的丰富1	副三和弦	
		6	活动："化妆与发型搭配"——童谣色彩的丰富2	七和弦	
第二单元：伴奏音型的处理	1. 通过老师的讲解和分析，感知不同伴奏织体的丰富色彩。2. 模仿拍艺术照的方法，在实践中能应用不同的音型为童谣进行伴奏。3. 通过童谣的伴奏创作，感受童谣的结构美，体验伴奏创作的乐趣。	7	活动："中式礼服"的拍摄——和弦的伴奏织体	强拍先弹和弦低音	
		8	活动："西式礼服"的拍摄——三拍子的伴奏织体	三拍子乐曲的伴奏	
		9	活动："生活装"的拍摄1——分解和弦	分解和弦音型	
		10	活动："生活装"的拍摄2——音型伴奏	节奏型音型和综合音型	
		11	活动：秀"表情"——伴奏的灵活处理	音型交替、乐句、乐段、终止句	
		12	活动："个性写真"的拍摄	不带旋律的伴奏	

续　表

单元名称	单元目标	周次	活动主题	主要内容	实施策略
		13	活动：选"服装"——挑选伴奏织体	为童谣选择伴奏音型	
		14	活动：留影——童谣的伴奏创作	运用伴奏——自选童谣创作伴奏	
		15	活动：童谣伴奏秀	尝试运用童谣伴奏的基本方法创作，与小朋友分享成果。	

课程学习评价

评价内容＼评价标准	👤👤👤	👤👤	👤	评价
知识学习	能完全理解和掌握伴奏的基本使用方法。	能基本理解和掌握伴奏的基本使用方法。	对伴奏的知识不是很明白，不了解使用的方法。	自评 小组 教师
小组合作	善于积极思考，主动参与课堂交流探讨，有独特的想法，乐于倾听他人意见。	能参与小组的讨论，响应组员的想法并乐于探讨。	没有自己的思考，不愿意倾听别人的意见，不参与小组的交流讨论。	自评 小组 教师
实践操作	能将课堂知识在实践中加以运用，并有新的创意。	基本上能在实践中呈现课堂所学知识。	不能将课堂所学的知识运用在实践中。	自评 小组 教师

评价说明：

1. 表中的评价项以头像的数目分为三档：三个头像表示优秀，两个头像表示良好，一个头像表示需要改进。

2. 最终的评价以获得的头像数量组成一个三位数表示（每个评价项目头像的数量均转化为数字呈现，如：321，从评价的可视性上一目了然，需要改进的内容）。

3. 学生自评：每课时后都有一张学习活动评价表，运用作曲家简笔画头像的方式进行评分，三表合一，让学生对自己在课堂上的学习认知、课堂表现、实践操作情况进行评定。

4. 小组互评：评比在合作小组之间展开，学生互相取长补短。

5. 教师评价：教师通过评价表的反馈使学生了解自己要努力改进的内容，吸取有用的指点，鼓励孩子积极的创作。建立"档案袋"评价，记录学习伴奏的历程，每位学生的档案袋中存放作业等。

弹童谣学伴奏教学方案

单元： 第二单元
周次： 第十三周
课时数： 2课时
主题： 选"服装"——挑选伴奏织体

背景分析

不同伴奏织体的音型表现力不同，伴奏不仅要确定音高、速度，而且要配合旋律，塑造音乐的整体形象。本课时在学生掌握了伴奏音型的处理后，结合不同风格、节奏的童谣加以实际运用。

学习目标

1. 了解童谣的特点，尝试选择合适的音型伴奏。
2. 在教师的指导下制作伴奏音型表并进行伴奏创作。
3. 坚持养成音型积累的习惯，体会伴奏织体的丰富色彩。

学习评价

1. 通过自评对童谣特点的认识，课堂表现、创作活动的参与性等进行评定。
2. 通过学生互评，展示制作的伴奏音型表，评价伴奏学习技法的学习掌握度。
3. 通过教师评价学员的学习习惯形成和作业完成的准确度，用"贝多芬头像"评价，并将作业放入音乐学习成长档案袋。

学与教活动实施

1. 导入：同学们，这节课的内容女同学肯定喜欢，因为我们要来选择"拍摄"的服装，好的服装能够展现好的身材、衬托人的气质，好的伴奏织体有利于童谣的歌唱，使音乐形象生动、音乐色彩更鲜明。

欣赏经典童谣，了解童谣的特点。
（1）欣赏童谣 MTV。
（2）开放式课堂：三言两语说说童谣的旋律特点。

2. 活动：归纳童谣伴奏的使用方法

（1）听《两只老虎》不同的织体伴奏。

（2）看伴奏谱例，对比谱例讨论，选择适合的伴奏，说说理由。

（3）教师引导，学生互动讨论，归纳童谣伴奏的使用方法。

提示：伴奏音型要与儿童单纯、活泼的特点相适应，要求节奏清楚、形象鲜明，音型不要太复杂。抒情歌曲可以搭配分解和弦，选择旋律欢快、节奏跳跃的，伴奏可用跳音。描绘某种特定的情景，有些歌曲可以用固定音型……

3. 学生实践

为《生日歌》自由设计音型伴奏织体，丰富音型伴奏织体，学习制作伴奏音型表。

（1）教师指导学生制作表格，按 2/4、3/4、4/4 节拍各创作一种织体。

（2）学生独立创作伴奏音型。

（3）小组筛选音型制作成表，教师巡视指导。

4. 作品展示与评价

（1）教师将伴奏音型表进行汇总并示范弹奏。

（2）请入选的"音型设计师"讲一讲创作构思。

（3）自评：对童谣特点的认识，课堂表现、创作活动的参与性等进行评定。

（4）同学互评：对童谣伴奏织体的使用和创作手法和运用能力的掌握。

（5）教师的即时评价：积极参与课堂讨论，陈述、展示伴奏织体的创新，优秀作品头像奖励。

5. 拓展延伸

教师指导学生总结：同一首乐曲可以有不同的伴奏织体，但伴奏织体的不同所营造的色彩也不同，坚持养成积累扩展伴奏音型表的习惯，为童谣营造出色彩各异的伴奏天地。随着演唱形式的日益丰富，伴奏和歌唱两者协调配合才能使音乐作品更好诠释。

"扭扭棒——创意手工编结"课程纲要

课程简介

本课程采用比传统线绳更容易控制的软性材料——扭扭棒,来代替线绳进行手工编结,组织低年段的儿童进行丰富的创造性手工编结活动,锻炼他们的动手能力,学习传承先辈们流传下来的手工编结方法。以"在活动中学习,在活动中进步"为目的,遵循"丰富多彩、富有吸引力,充分发挥学生的积极主动性,符合学生的年龄特征,照顾学生的兴趣和特长"的原则。

适用对象: 具备一定动手能力的小学1—3年级学生

总课时: 8周/学期,2次学习/周,1课时/45分钟,总计16课时

设计者: 来天/杭州青少年文化创意培训中心

背景分析

编结的生活用具在我国传统的工艺中占有很重要的地位。编结,就是用线、绳编织出各种花样的网袋或饰物,古代俗称"绛子"或"络子",不仅从形状上具有盘结回绕的优美造型,也寓意着吉祥,这是民间工艺的一个特色。该课程采用扭扭棒来代替传统线绳的编结方法,通过丰富工艺美术启蒙教育培训和形式多样的实际体验,旨在提高低年级儿童对工艺美术的基本认知和基本技能,培养对工艺美术的学习兴趣和审美情趣,增强儿童继承和发扬优秀工艺美术传统文化的意识,让孩子们在动手的过程中享受创意的乐趣。

杭州青少年文化创意培训中心位于运河畔的中国工艺美术博物馆内,拥有丰富的物质资源,中心领导相当重视孩子们对传统文化的继承与发展,所以少年宫的城北分中心主要侧重在这方面,教师拥有一定的传统工艺教学能力,能够为孩子们开阔视野提供和创造良好的教学环境,让学生在乐中学。

课程学习目标

1. 学生通过运用不同于传统的编结教学方式,利用新型的编结材料——扭扭棒,认识它并利用其丰富的色彩,在乐中学。

2. 学生通过利用扭扭棒来编出一些物品,增强对物体形象把握的准确度,提

高动手能力和手工精确度。

3. 学生通过欣赏传统编结工艺和制作的编结饰品，了解传统手工艺，激发审美情趣，提高审美能力。

4. 学生能在小组活动以及亲子活动中，明白分工的重要性，能完成自己负责的创作，加强与同伴和老师等之间的合作。

课程学习安排

单元名称	单元目标	周次	活动主题	学习内容	实施要求
扭扭棒的认识及简单运用	1. 认识扭扭棒的特性； 2. 运用手工工具自由操作扭扭棒。	1	初识扭扭棒	此节课为该教学内容的第一节课，主要是初步让学生认识扭扭棒的功能，以及简单的编法。	要求学生能够熟练操作扭扭棒、剪刀等工具
	1. 学会几种简单的编法； 2. 仔细观察物体特征，并初步完成简单的物件的编结。	2	运用扭扭棒	在学生初步了解扭扭棒简单的编法之后，可进入简单的成形物体的制作。用两种颜色的扭扭棒交叉在一起，使颜色更加丰富，编出成品的效果也更好。	能够顺利完成眼镜的制作，在把握基本形状的基础上，可以发挥自己的想象
简单作品制作	1. 运用串联法来完成扭扭棒项链的制作； 2. 了解配色，自己在手工过程中体会配色的乐趣。	3	技巧的学习（一）	经过两次基础练习之后，学生对扭扭棒的特性课功能有了一个比较初步的了解，可以在老师的辅助下完成一些相对比较简单的成品的编结。	除了制作各种形状，在这节课中还加入了卷、绕、钩等制作方法，可让作品的层次感更加丰富
	1. 尝试运用学过的几种编结方式，组合创新，完成自己的编结物品创作； 2. 在完成一组相对完整的小作品体会配色、组合和方法。	4	技巧的学习（二）	该课程是扭扭棒教学的第二个阶段了。到了这个阶段，学生已经对扭扭棒的把握比较熟练了，可以用多根扭扭棒来完成复杂的制作。	从小物件的制作到这次课的小作品，学生能够从浅至深一步一步慢慢进阶
	1. 理解海底世界这一主题所包含的内容，给出原创性的配色和布局方案； 2. 运用编结的技巧创作海底世界的图景。	5	技巧的学习（三）	本节课主要给前面的四节课做一个总结，也作为检测学生对手工编结扭扭棒的掌握程度。在一张A2大小的纸上构图一幅海底世界，发挥自己的想象力和创造力，小组合作共同完成。	作品细节完整，色彩丰富，主题明确

续 表

单元名称	单元目标	周次	活动主题	学习内容	实施要求
	1. 了解服装设计的基本要素； 2. 灵活运用扭扭棒编结的技巧进行服装创作。	6	整体的把握（一）	本节课主要为上一个章节作总结，请学生利用自己已学会的技能技巧帮你的同桌设计一身漂亮的行头，两两合作，互相完成。	学生发挥自己丰富的想象力，为你的小伙伴制作出一套结构完整、内容丰富的行头
	1. 了解废物利用的知识； 2. 利用身边收集到的废物，结合编结的技巧创作T台服饰。	7	整体的把握（二）	让学生们利用废旧的报纸、易拉罐和扭扭棒，为自己的父母做一身好看的衣服，来一个T台秀。	运用环保的理念，倡导学生保护环境，在乐中学，在学中思
	1. 每个学生能在展示中表现并解说自己的创意和制作过程； 2. 在分享中了解他人的创意。	8	整体的把握（三）	带领学生们走入社区广场，将自己亲手制作的手工艺品义卖给大家，比比看谁赚得最多，将这些爱心的善款捐助给灾区的小朋友们，给他们更好的学习环境。	从小培养孩子们要有爱心和助人为乐的精神，懂得"通过自己的努力去帮助别人是最快乐的"道理

课程学习评价

评价要素	评价标准	奖项
课堂积极性，学生参与课堂的配合程度。	对于老师提出的问题学生能否很好的给予回答。	与老师配合的好的学生按照优秀、良好的等级不同来发放奖励卡。
学生能否顺利运用卷、绕、钩的方法制作每节课所学习的内容。	最后呈现出来作品的完整性，以及色彩的搭配协调性。	按作品完成程度，按熟练操作与不熟练操作来发放奖励卡。
学生在完成作品的过程中，在老师所授新知的基础上，应当发挥他们的主观能动性，发挥他们的想象力。	能否结合平时的生活或平时看到的听到的所想所感，将这些融入到自己的作品中去。	按作品的创意性，学生互评选出最具创意性的作品，发放一、二、三等奖励卡。

"扭扭棒—创意手工编结"教学方案

单元： 编结创艺
周次： 第一周
主题： 编结基本手法练习——扭出来的小玩意儿
课时： 第1课时

背景分析

本节课为了有别于传统的手工编结课，利用新型的材料来增强学生对手工课的兴趣，增添课堂的趣味性而展开。活动根据学生们的实际情况，"以切实减轻学生的负担，锻炼他们的动手能力，传承先辈们流传下来的手工编结方法，在活动中学习，在活动中进步"为目的，遵循"丰富多彩、富有吸引力；充分发挥学生的积极主动性；符合学生的年龄特征，照顾学生的兴趣和特长"的原则。

学生已有的知识基础：欣赏了中国的民间编结，懂得了民间编结的表现手法。能够熟练地利用彩线、剪刀等材料，能基本掌握扭、转、弯、绕等技能方法，并能完成一些简单的打结法。

重点：了解编结艺术的一些基本知识，掌握编结的基本技法，学会用技法创造自己的作品。

难点：利用扭扭棒这种新型的编结材料，灵活运用各种方法。

学习目标

1. 本节课为工艺美术普及班的第一节课，通过欣赏与观看视频，学生能够了解编结这一民间艺术所特有的文化传统来培养孩子们对知识与技能的把握。

2. 在整个教学过程中，学生通过实践与体验，初步学会运用扭、转、弯、绕等技能方法。

3. 通过小组合作与学习，展示自己的作品，学生能塑造一定的造型，体验民族艺术的魅力。

学习评价

教师先针对学生的基本功加以评价，看看学生在完成作品的过程中能不能熟练运用扭、转、弯、绕等技能方法,并能完成简单打结法。然后教师根据学生所完成作品的完整度和创意性进行打分,在打分的过程中,教师可与学生一起进行评价,看看哪位同学完成得既精美又完整。

学与教活动实施

一、欣赏编结作品,引入课题。

同学们,中国的编结艺术是传统的民间文化艺术的瑰宝,它分为多种类型,技法也各有不同。引入对编结的基本知识讲解,以学生为主,教师为辅,不要简单进行模仿,而是要根据自己的观察进行创作。这是一个立体与平面、简单到复杂的制作过程。

二、教学新课:扭扭棒作为新型的编结材料,它是有一种里面是软钢丝,外面被一层短短的绒毛覆盖住的一种新型的编结材料。如何将它扭得好看,扭得到位,这点很重要。

1. 单色的扭

扭扭棒由各种不同颜色组成,首先我们先用一根单色的扭扭棒来进行基本手法的练习。将扭扭棒的头尾相接,连接处将软钢丝轻轻地绕在一起,大概2—3圈即可。然后用手将这个圆圈掐出想要的形状,如水滴形、菱形、三角形等。

2. 双色的扭

刚才我们学习的是只用一根扭扭棒来进行制作,现在我们要学习的是利用两种颜色的扭扭棒进行制作。要分别学会几种不同的扭法,注意掌握扭的力度,这是制作成品的基本手法。

3. 连接

将已做完的两个形状的成品连接起来,这是在利用扭扭棒编结的时候必须要用到的一个方法。这时就要有事先考虑,如果两个形状的东西是需要连接的,那么,在开始扭的时候尾巴连接处的头就要留得稍微多一些,以便可以和另一个连接。

4. 粘合

平面的成品我们可以黏在纸面上,立体的我们可以做成支架。

5. 认识工具

扭扭棒编结主要用双手来制作,但为了我们能够把作品做好,我们会用一些辅助工具,如剪刀、双面胶等。

6. 学生用扭扭棒进行联系,熟悉扭扭棒,感受编结带给我们的乐趣

总结:创意来源于想象,插上创意的翅膀自由飞翔。

第五章
少年宫教育课程督导工作

当代少年宫为满足少年儿童多元发展和社会各界的需求,开展丰富多样的校外活动。与学校教育不同,少年宫的活动多为原创设计,无论是教育内容、还是教学形式,都更为开放、灵活。这是少年宫教育的优势,却也因此带来课程设置较为混乱的问题。比如,一些少年宫的课程开设较随意,有时会出现条线不清、名称混乱、内容重叠等问题,而群众性文化活动的随意性、碎片化也是一个问题。除了少年宫课程设置失序的问题,少年宫教师的课程意识也十分薄弱。尽管他们拥有较大的课程自主权,却很少站在"课程"的角度去审视和反省学与教活动,更多的是从经验层面设计和开展活动。因此,从规范教师课程开发和实施行为,提高教师的课程理论高度的角度,有必要开展课程督导工作,以帮助教师以科学有效的方式进行课程开发和课程实践。

观察世界范围的教育督导实践,不难发现教育督导的主要功能已经从控制转向引导、发展。如英国教育的发展性督导,通过自评和他评,使学校能够结合指标自我发现问题,制定适合自我发展的计划。新加坡的卓越学校模式,强调自我评估和外部复核相结合,从过去中央集权式的检查系统发展成一个学校为自身发展负责并达成改进目标的模式。而美国也经历了从以教育视察为主要手段的行政监督职能阶段、教育评价为主要手段的管理控制职能阶段,到当前的以教育咨询为主要手段的指导服务职能阶段。可见,在新时代背景下,以促进发展为目的的理念成为教育督导的主流思想。

在少年宫教育领域中,教师是课程开发和实施的关键人物。教师的课程理念、资源开发能力、课程实施能力、课程监控能力、课程评价能力等在很大程度上影响了少年宫教育课程的质量。然而,这些知识和能力的获得并不是一蹴而就的。在这个过程中,需要专业人员提供支持、给予引导。这使得我们不得不思考如何在课程督导的过程中引导教师发展以上能力。

一、少年宫教育课程督导的目的及意义

1. 加强课程管理,厘清少年宫的课程体系

出于历史遗留或社会需求等原因,部分少年宫的课程设置有时会出现条线不清、名称混乱、内容重叠等问题,现代少年宫的课程建设要进一步规范课程设置,需要加强课程管理。通过课程督导,可以梳理单个课程的指向对象、内容、特点,进而厘清少年宫的课程体系框架结构。

单个课程的梳理包括分析课程开发的需求来源、该课程的教学总体目标和分目标、持续时间、教学对象的年龄范围、应具备的知识和技能等方面。课程群的梳理是在单个课程梳理完成的基础上,根据课程主要目标或教学对象年龄段或专业领域的不同标准,对各个课程分门别类,划分课程群;梳理同一年龄阶段儿童可选择的课程门类,不同课程之间的衔接;对内容重复、知识老旧的课程,提出删减优化建议;对存在学员年龄断层或学习阶层断层的课程群,建议新增课程;对教育目标一致,可跨界融合的课程群,建议整合优化。

2. 提高少年宫教师的课程素养,使教师成为课程领导者

少年宫教育的精干力量是在编专职教师,他们有时是某个学习项目的负责人,不仅管理该学习项目的兼职教师,而且要对参与该学习项目的全部学员负责;有时他们是一个跨学科课程的领头人,需要组织不同部门的专职教师一同开发新的活动课程。成长为一个成熟的课程领导者应当是少年宫教师专业发展的目标之一。

少年宫教师要成为课程领导者必须提高个人的课程素养,掌握基本的课程理论知识和方法,并运用到实践中。有研究者指出,课程素养是教师专业素养的核心组成部分,是教师从事教师职业、获得专业发展、提高专业地位的动力源泉。具有较高课程素养的教师,他们不仅具有明确的课程意识、丰富的课程知识,而且具有丰富的实践智慧和开放的心态。他们善于整合可利用的教学资源,应用先进教学理念和教学模式,积极参与反思性活动,在专业发展道路上显示出较高的自主性。课程督导就是通过支持和协助,激发和维持教师专业发展的内驱力,培养一批具有较高课程素养的教师,促进教师的专业发展。

3. 提高少年宫的课程质量,打造精品课程

少年宫的课程大多为自主开发,不论是兴趣小组的活动课程,还是群众性活动

的课程,课程质量的把控都比较模糊。少年宫的课程督导,从课程实施前至实施后,通过对教师做技术指导的方式进行及时干预,保证课程设计的科学性和课程实施的有效性。

提高课程质量的最终目的是打造少年宫精品课程。形成一批高质量的精品课程是少年宫发展的需求,也是发展的必然。在规范和加强课程管理的过程中,决策者、管理者可以从众多原创课程中挖掘有特色的、取得一定成效的课程,并给予更多资源,打造出精品课程,扩大社会影响力。

二、少年宫教育课程督导的内容和形式

1. 课程督导的内容

少年宫的课程督导内容大致可分为课程设计督导、课程实施督导、课程学习评价督导三方面。教师将填写《课程纲要设计表》,参与督导人员根据教师的填写内容,对课程设置及课程设计进行督导;在课程实施过程中,督导人员将走入活动现场,对课程实施和课程学习评价进行督导。以下为具体督导内容:

(1) 课程内容督导:

针对一项课程,督导员可以从以下几个维度进行评估和指导:

● 规范性。课程纲要的撰写不能错位,如课程背景的说明需阐明课程开发的依据,课程目标的设定需以学员的发展为落脚点,课程学习评价的主体、方法、内容等要素缺一不可。

● 一致性。主要考察课程设计的内在逻辑是否体现了目标—内容—实施—评价的一致性。课程内容和实施组织需围绕课程目标,以实现课程目标为选择标准;课程学习评价的评价内容需与课程目标、课程内容保持一致。如果课程设计缺乏一致性,就会出现实施效率低、评价标准混乱的问题。

● 科学性。主要考察课程目标设置是否符合实际情况,教师是否合理整合可利用的教育资源,学与教内容安排顺序是否体现一定的逻辑性、符合学习规律,文案撰写中是否出现专业上的错误等。

● 先进性。一是课程设计依托的教育思想需符合新课程改革的基本理念,教师若能恰当运用国际教育新理念则更佳;二是课程内容的选择需体现时代性,最好融入社会热点问题,与时俱进。

(2) 课程实施督导:

督导员将走进课程实施现场,获得该活动的详细教学方案,开展观察,活动后

与教师交流探讨。在该环节,督导员将主要关注以下几方面:

● 活动实施的有效性。有效性包括三方面:本次活动目标与课程目标、单元目标是否一致;本次活动目标的达成度;活动内容和活动方式的选择是否有利于活动目标的实现等等。

● 活动实施的灵活性。主要观察两方面:当实际情况与设计预设不同时,教师是否进行合理的调整,以适应学员的学习情况;教师是否能尊重学员的异议或兴趣,较好处理意外状况,进行课程创生。

● 学员参与情况及师生关系。学员的参与度直接影响学习成效,因此,督导员需要观察学员的学习情况,教师无效、低效的活动环节以及指导行为都需要被指出,进行改进。少年宫师生关系应该是平等、融洽、民主的,不符合的情况应被指出并改进。

● 活动内容和方式是否符合科学性、趣味性、开放性、综合性等少年宫教育特点。

(3) 课程学习评价督导:

课程学习评价可分三种取向:目标取向、理解取向和创生取向。鉴于本模式课程督导的主要目标是提高教学质量,促进教师专业,因此,在针对课程学习评价督导时,督导员将采用目标取向为主,理解取向为辅,去指导教师根据学员的学习成效来判断课程成效。

在督导员与教师交流探讨时,将从以下角度关注课程学习评价:

● 适用性评估。评价内容与课程目标是否一致,评价内容是否超过课程目标。

● 可操作性评估。评价举措是否操作方便,是否能有效获得学员发展的重要信息。

● 可持续发展性评估。评价制度是否具有指导意义,是否有利于学员的后续发展。

可见,课程督导的内容实际上与教师的专业知识、专业技能等方面密切相关。在探讨过程中,督导员不仅指导帮助教师规范自己的教学行为,而且能引导教师关注督导评估的各种指标,促进教师反思,向所倡导的方向进行改进,最终提高教师的专业水平。

2. 课程督导开展形式和人员组织

(1) 开展形式

斯巴克斯和罗克斯归类提出教师专业发展的发展/提高模式,该模式认为问题解决是教师专业发展的基础,问题解决的过程就是教师专业发展的过程。这种模式假设：当成人面对需要解决的实际问题时，学习是最有效的；当学习与工作联系起来时，人们最清楚自己的提高目标；通过学校革新或课程改革，教师会清楚自己需要什么知识和技能。因此，课程督导将采用学习与工作相结合的形式，对教师进行课程设计、课程实施、课程学习评价的三阶段进行督导，通过行政制度的保障，确保课程督导活动落实到位。督导工作包括以下两种方式：

- 文案督查

在课程设计阶段，教师需提前完成方案撰写工作，如课程纲要和相应教学简案。督导员基于撰写的方案了解教师的课程设计思路和学与教活动安排，并规范和提高教师专业文案的撰写质量。

- 教学观测

在课程实施阶段，组织听评课活动，督导员进入现场，观察学与教活动，使用《教育教学活动质量评价量表》(参见附件二)给予课程实施方面的建议。教学观测一般经历观察前会议、观察、观察记录分析、观察后会议等几个阶段。听评课活动的目的在于促进教师反思，提高学与教活动质量。

(2) 人员组织

开展文案督查和教学观测时，由2—3人组成的专家组对一位教师的教学活动进行课程督导。由于督导的目标和教师专业的不同，参与文案督查和教学观测的督导成员并不是一成不变的。根据人员稳定性和职能，参与督导活动的人员可分为课程导师、流动督导专家、督导工作协调员三类。

- 课程导师

课程导师来自行业领域的资深教学能手或是教研室研究员，他们是督导小组里全程参与课程设计、实施、评价指导的固定成员，不仅要参加文案督查也要参与教学观测活动。一位课程导师可能指导一位或好几位相似专业的教师。这些课程导师的主要职责在于：

◇ 了解学员、少年宫的现实情况，尊重教师的课程开发理念，理解课程设计的出发点；

◇ 指导和干预课程内容选择和学习进度安排，帮助教师重塑专业知识结构；

◇ 观测活动，给予教师教学技能上的指导，提高教师教学的有效性；

◇ 参与课程评价，根据学员学习效果对课程进行评估。

- 流动督导专家

流动督导专家可以是高校理论家、同行教学能手、教研员，或者是相关业务部门领导。流动督导专家只参与文案督查或教学观测。

参与文案督查的流动督导专家的主要职责是：

◇ 就撰写格式、内容给予指导；

◇ 指出并纠正文案中的逻辑性问题，提高教师课程设计的科学性；

◇ 评估整体文案撰写质量；

参与教学观测活动的流动督导专家的主要职责是：

◇ 观测活动现场，给予教师教学技能上的指导，提高教师教学的有效性；

◇ 参与教学质量评价，根据学员学习效果评估学与教活动质量。

● 督导工作协调员

督导工作协调员负责邀请和组织课程导师和流动督导专家，安排和组织督导活动，及时记录督导活动成果，相当于督导活动的后勤保障。

此外，协调员还需要对收集的督导信息进行分类整理，对所有教师参与督导情况和结果进行汇总分析，从而提高督导工作的效率，增强督导工作的针对性。

3. 以教师专业发展阶段分类设置的督导标准

教师专业化是一个不断发展的过程，在不同的发展阶段面临不同的发展困境。根据卢真金的教师入职后专业发展阶段分析，教师专业发展经历"适应与过渡"、"分化与定型"、"突破与退守"、"成熟与维持"、"创造与智慧"五个时期。在每一个阶段，教师面临的发展困境不尽相同。在适应和过渡期，教师"对职业角色要求和规范所知有限，跟实际工作密切相关的专业知识、经验和技能掌握不多，因而碰到的困难大多与如何适应并完成常规的教学工作和管理工作有关"；在分化与定型时期，教师面临业绩压力，有意磨练自己的教学技能或侧重理论学习，全面发展专业能力；在突破与退守时期，教师的困境在于打破自己的思维定式和程式化的经验操作，要解决这个问题不仅要解决知识与技能、过程与方法的问题，而且要解决情感态度价值观的问题；在成熟与维持时期，教师表现出明显的稳定性特征，趋向于享受已有成就，难以自我突破，需要加强创新，向学者型教师转变；在创造与智慧时期，教师的哲学素养高低、视界的远近成为制约其发展的重要因素。

根据对不同职称阶段教师的观察，我们可以大致认为，初级职称教师及刚入职教师一般是处于适应与过渡阶段，他们急需掌握各种实用的教学技能，适应最初的教学工作。对于中级职称教师，我们认为他们大多处于分化定性阶段或突破退守阶段。他们不仅需要全面提升自己的教学能力和专业知识，而且还要应对初期的职业倦怠，努力探索个人风格。而高级职称教师他们大多经验丰富，已形成了个人教育风格,他们处于成熟稳定期或创造智慧期,需要将个人经验上升至理论层面,朝学者型教师发展。

鉴于不同职称的教师的主要发展目标存在较大不同,课程督导的重点理应根据教师的职业水平做区分。这样,才能有效促进教师的专业发展。课程督导侧重点参见下表。

表 5.1　少年宫教育课程督导侧重点

对象	文案督查侧重点	教学观测侧重点
初级教师	规范性、一致性	活动有效性、师生关系
中级教师	科学性、先进性	活动实施的灵活性、活动内容和方式是否体现少年宫教育特点
高级教师	先进性	活动设计所依据的理论

课程督导除了具有指导教师、促进教师专业成长的功能外,还起着评估教师课程实施质量的作用。因此,在督导中不可避免地需要使用分数或等第去评估教师的教学质量。在进行量化评估时,我们对不同职称教师设定不同的达标分数。例如,高级教师的一场教学活动要被评为"优秀",督导员需给出 90 分以上的分数,而初级职称教师只要获得 80 分即可。

4. 课程督导的配套活动

(1) 课程知识培训

课程督导的核心目标是通过促进教师的专业发展提高课程整体质量水平。但是督导工作只通过指出教师不足的方式去改进课程还不够,还需要开展相关的培训去补充教师的课程知识,提高教师的课程意识。

书本的课程理论、内化的课程经验、课程行为都是相互关联的。教师只有掌握和内化课程理论知识,才能推动教师的观念和行为的变化。从形式上看,课程知识可分为显性知识和隐性知识。许多教师虽然未接受过正规的课程理论教育,但是他们在日常教学过程中积累了一定的课程设计、实施和评价的经验。这些经验和思维模式都属于隐性的课程知识。

而课程督导配套培训的主要目的在于开展课程理论讲座,探讨显性课程知识,指导初级教师以理论为基础更有效地实施课程,帮助经验丰富的教师将自身的课程经验显性化,去伪存真,以更高的自主性和创造性去改进课程。

从实际情况看,少年宫教师的课程理论知识基础参差不齐。对于曾在学校工作过、参与过国家课程改革的教师而言,他们对部分课程理论知识并不陌生。而对于新入职教师,师范专业毕业的新教师的课程知识基础也好于非师范毕业教师。因此,在组织培训时,应该充分考虑教师的知识基础,切合教师的工作经验,选择合适的主题和内容。

(2) 建立教师电子业务档案袋

教师业务档案袋收纳教师撰写的各种专业文案(课程纲要和教案)、听评课的原始评价表、督导专家建议、学与教活动视频资料、工作记录表(参见附件一)、所获荣誉及其他工作实绩等。考虑到存储的便携性和资料保存的永久性,以上资料都可以电子信息数据形式存入档案袋中。教师业务档案袋由课程督导协调员进行归档管理,采用集中收集法,以学期为单位,在学期前或学期末对资料进行集中收集。

业务档案袋的建立一方面是为了反映教师的成长轨迹,另一方面是为了加强管理。由于教师的专业发展是一个过程,具有阶段性。教师在使用业务档案袋的时候,能够回顾自己的专业发展历程,对自己进行纵向比较,促进个人反思。对于管理者而言,教师业务档案袋能较为全面地反映少年宫教师的整体师资情况。并且通过对各种信息的归类分析,可以获知不同职称教师的发展特点,以便更好地制定人才发展计划。

参考文献:

[1] 中国儿童中心编. 校外教育学[M]. 北京:学苑出版社,2002
[2] 黄崴. 教育督导学[M]. 北京:中国人民大学出版社,2011
[3] 张相乐,郑传芹. 教育学[M],河北:河北大学出版社,2012
[4] 柳海民. 现代教育学原理导论[M],北京:高等教育出版社,2013
[5] 叶澜. 新世纪教师专业素养初探[J]. 教育研究与实验,1998.1
[6] 戴晓菊,代建军. 论课程督导的基本理念[J]. 徐州师范大学学报:教育科学版,2012.3
[7] 戴晓菊,代建军. 课程监控视域下的课程督导研究[J]. 教育理论与实践,2012.32(28)
[8] 金建生,王嘉豪. 论教师的课程素养[J]. 新课程研究. 2006.1
[9] 卢真金. 教师专业发展的阶段、模式、策略再探[J]. 课程·教材·教法,2007.12
[10] 徐祖胜. 美国教师课堂教学督导的实践研究[D]. 重庆:西南大学硕士学位论文,2008
[11] 郝敏宁. 影响教师专业发展的因素分析——兼论促进教师专业发展的策略[D]. 陕西:陕西师范大学,2007
[12] 王中男. 基础教育课程监控机制——一个亟待关注的课程研究领域[D]. 上海:上海师范大学,2009

附一：少年宫教师学期教育教学工作量表[①]

_____年_____学期少年宫教育教学工作量记录表(试行)

教育教学工作

一、群众文化活动

（包括个人所有参与的群文活动和外出活动（含出访交流），不包括兴趣小组和社团课程内的参观、写生、外出活动。此表中填写具体场次数和天数。）

序号	活动名称	主办单位、合作单位	活动类型	个人承担任务	拟举办场次	实际举办场次	拟直接参与人数	实际直接参与人数	折合课时
1			如：竞赛、仪式、交流展示、讲座、联欢、系列主题活动、假日营等	如：项目负责人、活动主要协助、活动执行协助					（由部门主任或项目负责人填写）
2									
3									

二、小组教学工作

（基地学校、爱心帮扶中的教学工作也计入此表。以平均每45分钟为一课时计算，计算结果小数点后四舍五入取整。）

序号	项目名称	小组名称	学习层级	一学期学习周次数、每次持续时长	一周课时数小计	一学期课时数总计	一学期委托代课课时数	折合课时总计
1				填写格式：*小时/*次/*周或*小时/*次	如前格是以*小时/**次描述的，此格可省略			（由部门主任或项目负责人填写）
2								
3								

[①] 本表由中国福利会少年宫结合实际修改后，在少年宫试行。

三、少儿社团节目或项目辅导

（本版块所填内容不包括小组教学工作，排练、集训辅导计入此表。）

序号	社团名称或辅导学员姓名	拟新创节目或项目名称	拟参与比赛/演出/展示名称	个人承担任务角色	拟辅导次数	实际辅导次数	获奖情况	折合课时
1				如：主要负责人、协助者				（由部门主任或项目负责人填写）
2								
3								

四、其他

（包括部门教育教学相关教务工作、兼职教师管理、钢琴伴奏等教辅工作）

序号	工作内容	工作层级或范围	工作量化	备注	完成情况	折合课时
1			（服务人数、场次或班次、持续时长等）			（由部门主任或项目负责人填写）
2						

科研工作

一、目前承担课题

序号	课题名称	级别（宫级/会级/市级/国家级）	预计完成时间	担任任务（课题负责人/成员及任务）	进展情况
1		市级和国家级课题需加括号说明课题批准单位			请填写已完成的阶段成果
2					

二、工作小论文

序号	拟选题方向	类型	进展情况
1		如论文、教育/活动案例、创作手记、教学/活动反思、工作感悟等	请填写已完成的阶段成果
2			

教师培养工作

一、带教工作

序号	被带教人	起止日期	带教内容	赋职单位	进展情况或成效
1					请填写已完成的阶段成果或被带教人此阶段所获工作实绩
2					

二、教研组长/副组长工作

序号	项目	赋职单位	拟活动次数	进展情况或成效
1				请填写已完成的阶段成果或所带教研组此阶段所获工作实绩和荣誉
2				

三、其他

（如辅导教育科研工作、对兄弟单位同行教师开设公开课情况等）

序号	项目	赋职单位	场次或人数	完成情况或成效
1				请填写此项目此阶段所获工作实绩和荣誉
2				

说明：本工作计划表分为三块，"教育教学工作"指面向学员的工作，"科研工作"指个人科研工作，"教师培养工作"指帮助其他教师发展的工作。

除了实际进展情况、完成情况在学期末进行填写外，其余栏目于学期初填写。

实际工作完成一项工作只填入一类表中,不能分拆或重复填写,请选择较合适的一类表填写。

　　　　　　　　　　　　　　　　　　　　　　填表人签字
　　　　　　　　　　　　　　　　　　　　　　部门审核人审阅签字

附二：少年宫教育教学质量评估参考表[①]

少年宫教学活动质量评估表（A 类*）

教师姓名		活动时间	
活动主题		活动地点	
小组名称		学习层次/年龄范围	
评价维度（权重）	评价内容	分值（100分）	得分
趣味性（20%）	1. 学习素材丰富有趣、与时俱进，能激发学员学习兴趣，符合学员身心特点	7	
	2. 教学过程强调互动、实践，体现校外教育开放性特点	7	
	3. 活动面向全体学员，学员参与积极性高	6	
创新性（20%）	1. 使用多种课程资源，资源整合有特色	7	
	2. 应用多种方式，引导学员自主学习	6	
	3. 运用现场生成性资源，并将其创造性融入教学活动	7	
有序性（15%）	1. 时间分配合理，指导节奏张弛有度	5	
	2. 组织有序，活动氛围良好	5	
	3. 指导用语明确、亲和、有感染力，师生关系融洽、平等	5	
有效性（25%）	1. 教学目标明确，学习内容难度适切	6	
	2. 教学重难点突破，教学基本目标达成	7	
	3. 过程性评价、结果性评价围绕教学目标	6	
	4. 关注个体差异，有个性化指导，指导有针对性	6	
学科性（20%）	1. 部门自填内容并赋分		
	2. 部门自填内容并赋分		
	3. 部门自填内容并赋分		
综合意见	优点：	总计	
	不足：	等级**	
		评价人签名	

注：* 本量表适用于评价以学期为教学周期，学员相对稳定的课程教学活动，如普及型兴趣小组活动、

[①] 本表经中国福利会少年宫结合实际修改后，在少年宫试行。

提高型社团活动。

＊＊等级标准参照以下分数：

对初级职称教师,总得分为 59 分及以下评"待合格",60—69 分为"合格",70—79 分为"良好",80—99 分为"优秀"。

对中级职称教师,总得分为 69 分及以下评"待合格",70—79 分为"合格",80—89 分为"良好",90—99 分为"优秀"。

对高级职称教师,总得分 74 分及以下评"待合格",75—84 分为"合格",85—94 分为"良好",95—99 分为"优秀"。

少年宫教学活动质量评估表(B 类＊)

教师姓名		活动时间		
活动主题		活动地点		
参与对象		参与人数		
评价维度(权重)	评价内容	分值(100 分)	得分	
活动设计(35%)	1. 切合时代主题,融入社会热点,对儿童成长有引领作用	6		
	2. 形式新颖、活泼、内容丰富、有趣,激发儿童参与热情	8		
	3. 以实践性活动为主,有利于活动参与者互动,促进儿童社会化发展	8		
	4. 环节设置合理、完整,符合教育教学规律	8		
	5. 设计可操作的评估手段,检验活动目标达成度	5		
活动配套(10%)	1. 前期、中期、后期活动方案以及预案要素完整	5		
	2. 场地的选择和布置切合主题	5		
活动组织(20%)	1. 活动安排有序,人员部署合理,如有突发事件解决妥当	6		
	2. 主持语言逻辑清晰,善于引导,感染力强,营造出符合主题的活动氛围	7		
	3. 结合主题,围绕目标整合社会资源开展活动有亮点	7		
活动效果(15%)	1. 参与儿童达到预期规模,活动目标基本达成	8		
	2. 氛围良好,儿童主动参与,积极性高,体现儿童主体性地位	7		
活动特色(20%)	1. 部门自填内容并赋分			
	2. 部门自填内容并赋分			
	3. 部门自填内容并赋分			

续 表

评价维度 （权重）	评价内容	分值 （100 分）	得分
综合意见	优点： 不足：	总计	
		等级**	
		评价人签名	

注：* 本量表适用于评价一次性或短期活动、辐射面较广的实践体验活动，如仪式、集会活动、夏(冬)令营活动、短期训练、项目辅导等。

** 等级标准参照以下分数：

对初级职称教师，总得分为 59 分及以下评"待合格"，60—69 分为"合格"，70—79 分为"良好"，80—99 分为"优秀"。

对中级职称教师，总得分为 69 分及以下评"待合格"，70—79 分为"合格"，80—89 分为"良好"，90—99 分为"优秀"。

对高级职称教师，总得分为 74 分及以下评"待合格"，75—84 分为"合格"，85—94 分为"良好"，95—99 分为"优秀"。

附三：少年宫教师绩效考核指标参考表[①]

专技人员绩效考核评价表

板块	一级指标	二级指标	分值	指标描述（满分标准）	评分参照	得分（权重）		
						自评 30%	同行评 30%	上级评 40%
职业修养	遵规守纪	1. 遵守职业规范	10	参加少年宫组织的政治学习与思想教育活动，符合教育工作者基本要求，遵守职业规范	有违背师德行为的整体考核为不合格			
		2. 遵守出勤纪律	5	无违反劳动纪律情况，出勤率满80%	出勤率70%—80%（不含80%）4分 出勤率60%—70%（不含70%）3分 出勤率50%—60%（不含60%）2分 以此类推(劳动法规定的法定请假事项除外)，以人事部门统计为准			
	富有责任心	3. 保证本职工作安全、无事故	5	在工作中无使少年宫声誉受损、在工作中无发生安全、质量事故	有事故发生经核实，整体考核不能为优秀，情节严重者考核为不合格			
基本工作	完成岗位工作	4. 完成岗位基本工作量	25	完成岗位责任书中规定工作量工作	完成规定工作量90%—95% 22分 完成规定工作量80%—90% 18分 未完成规定工作量80%的整体考核为不合格			
		5. 基本工作量对应工作效益达标	20	基本工作服务效益，包括服务覆盖面（有效服务人次）、可持续性（如满意度、成本核算等）达到相应责任书中约定要求	达到岗位责任书中约定有效服务人次（一线教师学员数、小组数、社团数保持近3年平均值）、场次或服务数量(以职能部门提供的数据为准) 10分			

[①] 本表经中国福利会少年宫结合实际进一步分化成各岗位对应的评价表后，在少年宫试行。

续 表

板块	一级指标	二级指标	分值	指标描述（满分标准）	评分参照	得分(权重)		
						自评 30%	同行评 30%	上级评 40%
基本工作	完成岗位工作	5. 基本工作量对应工作效益达标	20	基本工作服务效益,包括服务覆盖面(有效服务人次)、可持续性(如满意度、成本核算等)达到相应责任书中约定要求	一线教师达到岗位责任书中约定的兴趣小组学员家长满意率、群众活动学校等被服务单位满意度、学生满意度 5分			
					达到岗位责任书中约定的服务成本控制数,或不超过近三年业务成本的平均数,以财务部门提供数据为准 5分			
		6. 岗位常规工作规范	10	有对应专业工作的系列文案,且能按要求认真完成;工作岗位对应负责的场所环境保持整洁、适宜	完成文案,质量符合对应岗位要求,获得部门负责人与部门同事认可,上级主管抽查合格 5分			
					工作岗位对应负责的场所环境保持整洁、适宜,单位抽查合格 5分			
	完成单位年度工作	7. 参与少年宫年度计划项目工作	5	对应于少年宫年度工作计划方案,参与列入其中的本年度少年宫及上级主管部门的工作,并完成交付任务	参与(含配合)完成列入计划的少年宫年度工作项目并完成交付工作 4分			
					多次(2次以上)参加 1分			
专业能力	提升专业素养	8. 参加专业进修	5	参加并完成相应工作岗位继续教育规定的各级专业进修培训,并积极参与推荐的与自身专业有关的其他各类进修学习	完成继续教育培训 3分			
					参与推荐的专业进修并进修成绩合格 2分			

续 表

板块	一级指标	二级指标	分值	指标描述（满分标准）	评分参照	得分(权重) 自评30%	得分(权重) 同行评30%	得分(权重) 上级评40%
专业能力	提升专业素养	9.重视个人专业能力提升与工作创新	10	对专业(含岗位职称专业和对应工种学科专业)最新发展了解，有主动学习的行为；积极参加少年宫的公开教育教学活动及注重职业职称的对标晋级；成为自身从事岗位专业的国家认可的社会组织成员，并在不影响岗位工作的前提下积极参与其中的活动；有与本专业工作对应的研究项目或工作改进方法探索，并在相应部门立项，且有新项目(含课程开发、活动设计、节目创排、技术创新、工作流程完善等)完成或进行中	在部门例会等公开场合有向大家介绍本职专业发展情况的专题发言 1分			
					参加少年宫的公开教育教学展示活动(如公开课、新人新作推荐活动等)，每次1分或取得对应岗位职称晋级 2分			
					参加与工作相关的国家认可的正规行业组织(如教育学会等)或自身岗位对应的学科专业协会(如舞蹈家协会、书法协会、注册会计师协会等) 2分			
					有立项的科研研究项目或新项目(含节目、活动、课程等)完成或进行中 5分			
	取得专业成效	10.完成专业工作量	5	本人专业(主业)工作量占整体工作量不少于2/3；教育一线教师有自身辅导学生团队普及、提高、精英(初级、中级、高级)三级团队建设有对应成果展示，其他岗位人员有相应的专业工作改进与发展性项目的完成或进行中	主业工作量符合要求 1分			
					一线教师有学科专业对口普及、提高、精英三支学生队伍(群众性活动有学校、社会个体、少先队组织三个层面学生参与活动)；其他岗位人员分层级的专业常规、改进与发展项目 2分			

续表

板块	一级指标	二级指标	分值	指标描述（满分标准）	评分参照	得分（权重）		
						自评 30%	同行评 30%	上级评 40%
专业能力	取得专业成效	11. 取得公认的实绩成果	5	以行业、专业认可的证书、证明为依据，本职工作上获得市级及以上荣誉（教师指培养学生获得市级及以上荣誉，其他人员指从事工作项目）；完成规定的教科研或工作革新任务且有教科研或革新项目成果在市级以上获奖	本职工作获市级及以上荣誉一项为1分 共2分			
					完成与本人岗位专业相关的教科研（如教师教研、论文、案例、课题等）或工作创新任务 1分			
					教科研工作或工作革新项目在市级及以上层面获奖 2分			
		12. 达到工作领域领先水准	5	自身专业工作在市级及以上层面能起示范作用，是本专业工作市级骨干（如个人专业技能在市级及以上层面进行工作展示：举办成果展、出版专著、研讨会专题发言、公开观摩展示等）	本人或所在部门（含项目）集体获市级及以上荣誉称号或有公开的专业技能市级及以上公开展示，如举办成果展、出版书籍等 3分			
					有市级及以上研讨会与本人岗位专业相符的专题发言、公开观摩展示或岗位专项评估获市级相当于优秀级（A级）等第 2分			
整体意识	服务社会	13. 服务社会公益项目及重大工作	5	承接（含参加）市级及以上重大活动；参与少年宫组织或推荐的服务社会的公益项目一年不少于2次	承接市级及以上重大活动 4分			
					参与至少2次相应公益项目 1分			
	主动作为	14. 自定目标主动作为	5	有年初自定且部门认可的结合自身实际制定改进自身工作的工作目标，并按时按质完成；积极承接并完成部门其他人员、本单位其他部门需要协助的工作	有自定改进工作的目标并完成 2分			
					协助部门同事或其他部门完成工作 3分			

续 表

板块	一级指标	二级指标	分值	指标描述（满分标准）	评分参照	得分(权重)		
						自评 30%	同行评 30%	上级评 40%
前十项得分情况	原分数		100					
	折合分							
	总分							
综合总分	原分数		120					
	折合分							
	总分							

注：1. 考核每年年底进行。分为自评、互评(部门同事打分、上一级负责人打分)。各块评分均须依据并结合职能部门提供的相关数据进行。自评占最终得分 30%，互评占 70%（同行占 30%、上级各占 40%）。服务部门的同事不仅包括本部门同事，还包括与自己发生工作关系的其他部门的同事。

2. 考核表总分为 120 分。其中前 1—10 项（合计 100 分）自评、互评折合后的分数，80 分以上对应年度工作考核合格，可以获得绩效工资中考核奖，90 分以上有资格参评年终考评优秀等第。考核所有项总分 90 分以上为优秀，绩效工资中常规工作绩效津贴下一年可有资格根据考核分数获得相应上调，分数越高上调比例越大。

3. 本考核表中具体指标即二级指标和标准说明为每年年初根据当年本单位工作重点由人事部门报领导班子讨论通过后进行动态调整(主要调整职业道德块面内容)。

4. 指标中相关数据由职能部门提供，作为打分参考。

5. 表中专业是包括两方面：一是对应于每个员工岗位工作应有职称的专(行)业(如教师就是教育专业，行政就是政工专业、文秘专业、档案专业、人力资源管理专业、财会专业等，工勤就是工程技术专业、物业管理专业)；二是对应于每个员工对应岗位工种的学科专业(如舞蹈、美术、生物、工程学、围棋、少先队、团队管理、会计、教育研究、电工、物业服务等)。

6. 表中提及工作成效的层面是指地域范围,市级及以上即指市、华东、全国区域范围,而非行政单位等级层面。

7. 除有说明外，各小项只要有标准所描述情况即可获得该项目对应分值。

附四：少年宫教师职业发展(专业成长)规划设计参考

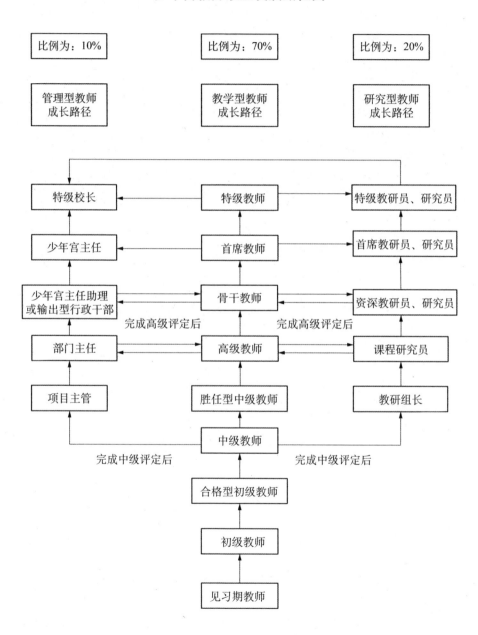

少年宫教师职业发展路径图

第三部分
少年宫教育课程建设个案研究

案例一 开启美妙的绘本之旅
——校外美术教师课程开发的故事

无锡市少年宫 尤敏红

"让情怀成为力量"。最初遇见,缘于微博上的惊鸿一瞥,一下就让我记住了,因为,它悍实有力。如今,拿它来诠释这段故事再好不过。

梦想缘起绘本

说起我与绘本的结缘,还得追溯到儿子小时候。那时候亲子阅读刚刚兴起,我也兴冲冲地买回一堆绘本,声情并茂地读给儿子听。他听得津津有味,有时还会插上几句,甚至看着图画自己编起了故事。绘本让孩子爱不释手,也让我这个搞儿童美术教育的妈妈痴迷其中。

随着家中的藏书越来越多,我发现经典绘本不仅涵盖了各种艺术风格、各种材料和表现手法,还向人们展示了不同国度的文化背景。薄薄的一本绘本如同一座小小的美术馆,让人流连忘返。出于美术老师的起心动念,五年前逐渐萌发了让学生来画故事、做绘本的想法。我将儿子的绘本一箱一箱搬到教室里,通过赏一赏、画一画、做一做、读一读的方法来玩绘本。一段时间下来,孩子们很喜欢,自己对绘本创作教学也有了些新的认识,同时也发现许多问题仅靠自己的教学经验已不能解决。

比如对课程主题内容的选择,仅凭借自己多年的教学经验,时间一久,也黔驴技穷了。学生起初对于绘本制作过程很好奇,可新鲜劲一过,课堂也随之乏味起来。绘本创作课程对于儿童的发展到底有哪些价值?自己既没有想清楚,当然也说不明白。在少年宫,课程较多依赖教师的经验来组织,由于对课程意识模糊,课程的理论基础薄弱,所以课程目标不清,主题与内容的知识碎片化现象严重,课程在实施过程中随意性强,更缺少科学系统的评价等问题普遍存在。

2013年暑假,接到参加"少年宫教育课程建设研究"课题筹备会议的通知。在会议室里,我初次见到了全国课程专家吴刚平教授。吴教授风趣、幽默、渊博,面对大家七嘴八舌的疑问和"高见",他的分析思维缜密而讲究逻辑,不由肃然起敬。在听取完大家对校外课程建设的种种建议后,张昱瑾主任又将当前校外教育的优势及存在的问题跟大家作了探讨,并将总课题的设想及各配套课题需完成的前期工作做了部署。

少年宫是校外教育课程开发的中心,承担着课程研发的责任和权力。专家、课程研究者、家长和社区人士,与少年宫一起研发课程,将使得课程更具主动变革机制和能力。第一次接触课题,紧张和焦虑接踵而来,但也如明灯般让我在黑暗摸索中看到了前方的道路。

小卖部变成绘本美术馆

二十一世纪,绘本已经成了全世界儿童的时尚读物。近几年,绘本教学在幼儿园、小学广泛开展,但是以绘本阅读研究偏多,对儿童绘本创作涉及较少。绘本的教育功能是立体的,除了讲故事、学知识,还具有全面帮助孩子建构精神、培养多元智能的教育功能。2013年,我们开始了儿童绘本创作课程的研究和实践,本课程中的"绘本创作"是指集欣赏、绘画、制作、语言、表演于一体的美术综合性活动。儿童绘本创作课程是指根据儿童的年龄发展特点和实际需要,按照课程标准和课程计划,在少年宫实施的绘本创作教学活动。

从儿童绘本创作课程建设的意向,到课程开发的最初设想,再到为课程开发搭建平台、创设条件、提供保障,少年宫决策层始终发挥了课程的领导核心作用。而在少年宫设置绘本创作专用场馆,既能保障课程实施的需求,也能更好地促进绘本创作课程目标的达成,是落实教学实践与活动环节的必要措施。

因此,在课程建设之初,我们决定腾出空间,精心打造童趣、温馨的儿童绘本美术馆。可是,当时少年宫旧址已被拆除,新的少年宫还在筹建过程中,虽说有城建职大的校舍作为过渡场地,但是教室数量明显不够,而且环境也不适宜开展综合美术活动。在这样窘迫的条件下,原本生意红火的少年宫小卖部被迫搬走,如此强有力的决定让大家感受到决策层做事的气魄和决心。恰巧,我也刚和朋友一起探访了日本的几家儿童绘本馆,馆内空间虽然不大,但绘本馆内的区域功能划分得非常细致，还设有让孩子表演的小剧场，布置得像童话世界，让人不愿离开。因此在此次绘本馆的建设中，我大量采用了这种设计，并与课程实施所需要的环境对应起来。

儿童绘本美术馆建成后，受到大家的一致好评。温馨而充满童趣的场馆内，暖红色墙面的阅读间挂着粉色花瓣的吊灯，一排排整齐的图书架上放着教师精心分类挑选的绘本，柔软的蓝格子大沙发成了孩子们争先抢占的宝座；在阅读间的另一边是图书制作区域，黑色的大桌子上摆放着装订图书用的机器和各种图书制作材料，供孩子们自由选择；外面一间是用于开展绘画教学和展示作品的教学活动区域，孩子们在这里天马行空地发挥他们的想象，尽情地抒发和绘制自己的故事；活动室的后面辟出了一角，搭起红房子舞台，当幕布拉开时，孩子们自创的绘本剧在这里上演，一颦一笑，充满了欢乐与创意。儿童绘本美术馆虽然不大，但五脏俱全，设有阅读区、制作区、绘画区、表演区、展示区、材料区。专用教室还配备了现代化多媒体教学设施，为孩子们创设绘本创造情境，方便他们获取信息。

校外课程建设非常重视场馆的专业建设，重视教育教学设施的完善与环境布置，儿童绘本美术馆的落成也为革新课堂"教"与"学"的方式，创设开放式合作学习环境，提供了必要的研究条件。

小绘本里有大世界

"小绘本里有大世界"，我常用这句话作为开始，向家长或同行介绍儿童绘本创作课程。儿童文学家梅子涵曾在他创作的绘本前言中说："这是他们最初的故事，最早的颜色，最难忘的太阳升起和照耀。每一个故事的美好，兴许就是他们后来天天的心情，是他们的性格和人品，是他们隐形的翅膀和飞行的方向，是他们显示给世界的美丽，也会是他们可能赋予世界的情怀和格局。"

小小绘本呈现出儿童成长空间的大世界，如何挖掘其中的教育价值，绘本创作课程目标的设计又需要何种教育理念？我查阅了大量的文献资料，为课程目标的研究寻找理论依据。

儿童绘本创作课程的目标主要依据基础教育学习指标体系、儿童体验的七大板块和绘本创作课程的价值等三个方面。联合国教科文组织和美国著名智库机构布鲁金斯学会提出基础教育阶段学生学习最重要的七个领域，构建了基础教育阶段学习指标体系。该体系与儿童绘本创作课程指向相重合的领域有社会情绪、文化艺术、学习方法和认知。其中,社会情绪领域包括社会与集体价值、公民价值、精神健康,文化艺术领域包括艺术创作、了解文化,学习方法和认知领域包括坚持与专注、合作、独立自主、知识、理解、运用、批判性思考。

而儿童体验领域分为七个板块,个性体验、视觉体验、知识体验、交流体验、创造体验、文化体验、环境体验。对应以上七大板块,绘本创作课程的价值主要表现在以下几个方面:个性价值——充分发挥儿童个体的才能,在生活实践体验中获得绘本创作内容,理解与接受;视觉价值——增强儿童对事物的观察力和表现力,发展儿童观察、理解、反应、创造、鉴赏和延伸的能力;知识价值——让儿童初步了解各种绘画艺术风格的特点,提高对绘本艺术的欣赏能力;交流价值——提供儿童各种表达机会,鼓励儿童用艺术语言表达思想情感,与同伴分享,体验共同成长的乐趣;创造价值——运用各种适切的艺术表现形式,提高儿童综合运用材料和绘画方法的能力,引导儿童在创作过程中运用感知觉大胆表达、自信展示,培养创新精神和动手能力;文化价值——文化信息的传递为儿童了解世界提供了有效途径,形成了多元文化的视角和观念;环境价值——生动有趣的视觉情境设置能激发儿童的创作欲望和情感表达,启迪儿童的智慧。

由此,儿童绘本创作课程的目标确定为"艺术·生活""学习方法·认知""社会·情绪"三个领域。"生活·艺术"领域的目标是让儿童了解绘本语言的主要表达方式,掌握绘本创作的基本过程,合理选择并使用工具和制作方法;让儿童学会基本的绘画、制作、语言、表演等艺术形式,粗略了解各种绘画艺术风格的特点,掌握绘本欣赏和评述的方法。"学习方法·认知"领域的目标是让儿童运用美术语言表达思想和情感,通过视觉图像传递个人的情感;运用画面描述表现生活,运用连续的故事情节表现动态思维和动态画面。"社会·情绪"领域的目标是让儿童形成积极的自我与他人观念,对合作团队怀有热情,在课堂上积极快乐地生活;在同伴和更大范围内参与群体活动,乐于与他人分享作品,倾听不同意见和建议。

课程开发不是一项盲目或机械的工作,需要教师拓宽研究思路,找准研究方向。课程目标的确定让教师对课程建设研究有了方向,教师应该紧紧围绕课程目标,选择课程主题内容,设计课程活动模式,让绘本创作活动充满独特的魅力,带给儿童无限乐趣。

好绘本,如何好?

好绘本如同一部电影,它既展示出宽广的视野,又有细节的特写,既有极其有趣的故事情节,又暗藏着起、承、转、合的节奏设计,强调绘本画面情绪与主题的连续性。而对于儿童原创绘本来说,能在短短的十几页间,图文并茂形成一个连续的故事,让孩子们获得情感与情绪的表达,让同伴获得共鸣的绘本就是好绘本。

好绘本的产生有着一些先决条件。首先,绘本创作主题是儿童感兴趣的,与其生活经验相关联。其次,表现方法要适合儿童年龄特点,操作便捷,材料有选择性。最后,实践体验以及素材的积累必不可少。如何选择并确定课程的主题内容,这个问题曾一度困扰着我,也走过一段弯路。

回顾最初的课程内容,由"绘本美学"、"绘本绘画"、"绘本设计"以及"绘本语言"四大部分构成。偏重于技巧训练及知识传授的内容设置,使得儿童在故事创作中内容生涩而狭窄。由于绘本创作画面篇幅较多,学生们大部分时间都在画,观察感受不充分,使得绘本创作缺乏真情实感。

如何才能将"兴趣培养"与"技能训练"相融合,充分体现绘本课程设计的"生活性"、"儿童性"、"活动性"的理念呢?课题组对课程设置的结构做了梳理和调整。打破原有设计模块中知识结构顺序,将绘本语言、表现方法与内容主题相互融合,选择既符合儿童身心发展规律且与生活经验相关的主题,由浅入深,循序渐进。调整后的儿童绘本创作课程以10—13岁儿童为学习主体,课程内容包含10个单元,每个单元16课时,课程设计从主题的维度和表征的维度展开。

首先是主题的维度:内容选择以认识自我为原点,向家庭、朋友、同伴展开;在认识自我的基础上,向自然拓展,了解生活环境中的动植物、天文宇宙等自然现象;在认识自然的基础上,向社会拓展,认识社会文化现象和处于社会关系中的群体。其次是表征的维度:内容包括绘本创作的设计装帧、艺术表现和人文内涵。设计装帧着重体现绘本硬体的表现样态(封面、封底、扉页、环衬、五格书、四页书、翻翻书等硬体表现方式)。艺术表现着重展现绘本绘画的表现样态(水彩、线描、拼贴、水墨、版画、亚克力、水粉、油画、黏土等表现方式)。人文内涵彰显绘本对人性关爱的思考,整体呈现绘本作品的气质风貌和价值取向。

经课程实施小组实践反馈,《关于我们》、《谁是英雄》、《门外的世界》、《我的大自然笔记》、《让我们揭秘》、《新编三只小猪的故事》、仿编《失落的一角》、《中国节日》、《无锡是个好地方》、《新书发布会》等遵循儿童年龄认知特点,与儿童的生活经验关联,深受儿童喜爱、操作有效可行、让孩子们获得满满成就感的课程主题被逐一确定下来。

玩转绘本缤纷课堂

在绘本创作班,好玩是绘本创作课程带给孩子们最大的感受。可是即便如此,绘本创作课程的诞生并非一帆风顺。

最初的绘本创作课程,几乎所有的活动都发生在教室。教师一味地追求绘本画面艺术效果的呈现,对儿童绘画技巧的训练更为重视。一段时间后,枯燥、机械的学习节奏,让孩子们对绘本有了畏难情绪。这些现象引起了我的反思,教育中的任务不是把"无活力的知识"灌输到儿童的大脑中,而是使知识保持活力和防止知识的僵化。譬如,面对琳琅满目的绘本世界,重要的不是让孩子去模仿每本书的艺术风格和绘画手法,而是能否欣赏、判断、整合和吸纳美好事物的能力;不再与孩子深究绘画工具、材料的知识,而是能够让他们选择艺术表达的方式讲述生活中的故事。

为此,我们展开了问卷调查。结果显示:儿童喜爱的绘本创作主题大多与生活经验相关,创作工具材料不够新颖、丰富。教师在教学活动中处于核心地位,课堂的趣味性与自由度还有提升空间。随着年轻家长队伍的壮大,他们的育儿理念也开始发生转变,非常认同绘本对促进儿童发展的价值。另外,家长们也希望绘本创作课程能让孩子们走出课堂,多与自然、社会接触,让他们在探索中去发现和学习。

杜威认为,兴趣是儿童学习的动力和天赋的资源,特别强调了学习过程应注重发挥学生的主体作用和主观能动性,这与素质教育的基本思想一致,也必然对少年宫儿童绘本创作课程的开发建设具有重要的指导意义。

基于此,我们在儿童绘本创作课程设置上突出了儿童的主体地位,让他们通过实践体验获得感悟,提升自己的能力。在活动时空上向自然环境、生活领域以及社会领域延伸,优化、整合、利用各种课程资源,注重探究、活动与合作式学习,彰显绘本创作课程的儿童性、生活性、活动性。

有了新课程观的学习与理解后,我将绘本创作课程的实施内容及步骤记录下来。然后,按照先后顺序、不同类型做了梳理、补充和调整。由"绘本旅行""绘本秘密""绘本语言""绘本舞台"4个模块组成的绘本创作课程实施模块悄然诞生。

"绘本旅行"是搜集和丰富创作信息，可通过赏析经典、生活探究、社会实践、撰写调查报告实现；"绘本秘密"是完成文本构建，可通过故事赏析、文本构思、制作硬件、故事叙述实现；"绘本语言"是绘制故事，可通过图像表达、装帧设计、材料运用、表现技法实现；"绘本舞台"是成果展示，可通过同伴交流、会展策划、新书发布、剧本表演的途径实现。

此次课堂模式的全新调整，彰显了绘本创作课程开发的生活性、儿童性、活动性原则。如第九单元《无锡是个好地方》设置了赏经典：关于无锡的那些传说；看世界：探访惠山古镇和泥人博物馆；绘故事：无锡的起源、无锡的美味小吃、民间工艺；展绘本：无锡那么美，带你去看看等活动环节。教师可以根据孩子们的实际操作情况以及教学内容的需要，灵活使用4大模块的活动内容，真正让孩子的学习活动融入实践探索之中。

在实践了一段时间后，孩子们的兴趣被极大地调动起来。活动中不仅有孩子们的笑声，还有孩子们创作时的专注，更有他们在探索观察后对生活的感悟。这样的实践也让我体会到，没有孩子的热心参与，就没有真正的美术教学。

开启绘本之旅

通过对少年宫教育课程建设的探索和研究，教师们对绘本创作课程有了越来越多的想法。

在一次第三单元"我的自然笔记"课程审议教研活动中，有教师提出：大自然是学生最好的朋友，在"绘本旅行"活动环节让学生投身于自然，寻找绘本创作的素材，感受生态与人类的关系，能带给学生创作的灵感。我们要让学生、家长、少年宫成为学习共同体，支持学生主动观察、自主探索。

为了加强学生对大自然的认识，我们提前两周推荐学生与家长共同欣赏日本绘本大师下冈至美的"自然图鉴"系列图书。这套图书有精彩的插图、简要的说明，带领学生走向森林、原野和海滨，去发现和辨认花草菇莓、贝螺鱼虾。每次活动前15分钟，我们组织学生在少年宫的院子里散步、写生，直接采撷第一手素材。

到了真正走出课堂的那一天，学生和家长都非常期待，早早按照活动通知来到运河公园。在大草坪上，大家一起欣赏《笔记大自然》和《法布尔昆虫记》，了解到自然笔记是起源于国外的一种观察、记录自然的方式，学习了做自然笔记的方法和大师巧妙的创作构图。

有了对自然笔记的感性认识后,我们按照学生兴趣和爱好的不同,将家庭分成若干小组,开始了探索自然的"热身运动"——搜集落叶、果实、石头、昆虫。对昆虫感兴趣的小组来到草丛旁,在石头缝里、泥土间找寻虫子的身影;对花卉植物感兴趣的小组在争奇斗艳的花卉前驻足,寻找他们最中意的那一抹妖娆;对果实感兴趣的小组,饶有兴趣地评头论足……学生们的记录本上可以不局限于所选小组的分类物种,因为大自然随时能给予学生惊喜的发现。

在整个活动中,平日里忙碌的家长与孩子一起放慢脚步,观察和了解大自然的变化,思考今天最适合他们的探索活动是什么?教师带着学生与家长,一边观察大自然的变化,一边将这些变化用画笔描绘在纸上,并用文字标注所画内容。每个人都用心观察着身边的一切:阳光里透出了金色,五颜六色的瓢虫在花瓣上翻跟斗,火红色的石榴花已经开了,所有的一切都在告诉大家初夏已经来临。

按照约定,最后半小时大家在草坪上汇合,把在草丛里、溪水旁、灌木丛中发现的,在图鉴、手机里查阅到的内容汇总起来,做一个"我的自然笔记"分享,这是各小组相互交流、共享观察和学习成果的环节。我们重视这种综合实践活动创造出来的学习价值,只需看一下学生们的观察笔记,就可以感受到他们在认识上的变化:最初是像漫画一样的插画,随着近距离观察和体验,后来非常细心地画,物体与线条都开始鲜活起来。

学生在交流时,话语更是五花八门、创意不断,他们的观察力也发生了巨大的变化。一个学生这样介绍:樱花已经掉光了,树上只剩下叶子。我用尺子量了一下叶子,长15厘米,宽7厘米,边缘是锯齿线,正反面分别是深绿色和浅绿色。

一个男生画了一只金黄色的甲壳虫:当我全神贯注作画时,一只甲壳虫与我不期而遇,它落在素描本上一动不动。我近距离观察它,大约1.5厘米,金黑相间的色彩,花纹竟是轴对称图形,令人着迷。它还有8条长短不一的腿,触须细长,好似天线。

这样的变化还有许多,过去参加活动不能集中精力的学生,在综合活动中精神饱满;过去主题创作画面模式化的学生,通过自己的观察,素材收集立刻生动起来。教师也能够观察到每个学生在学习过程中细小的变化,并关注其发展,予以帮助。

此次活动也让家长收获颇多,让他们懂得应该如何与孩子相处、如何陪孩子玩、如何帮助孩子的学习。同时,这次自然笔记写生的意义不仅在于提高了家长和学生的观察写生能力,更在于活动本身是一个发现美、表达美的过程,对学生探索自然，主动了解植物、昆虫都有深远的意义。

《我的自然笔记》绘本创作是由学生们亲自参与和发现的自然故事集，更是一本帮助他们探索美妙大自然的小向导。大家在这个过程中共同探索、观察、讨论、记录、分享，倾听生命拔节的声音。

我们的新书发布会

在杜威的方法论中，"活动"占据着中心地位，而最好的教育方式就是让儿童在"做中学"。这样，儿童会提高学习兴趣，增强学习的主动性和自觉性。为此，我们在课程开发中，将儿童的意见和建议作为重要组成部分纳入课程计划，使少年宫的课程学习更加贴近孩子们的需求，也为他们走向社会、走进生活、实现个性发展提供多元选择的课程菜单。

新学期开始，少年宫为每个绘本班的孩子建立了个人档案，搜集每个阶段能够反映儿童绘本学习过程的标志性物品。一个完整的档案袋内至少包括8件物品：手卷书作品、四页书作品、五格书作品、翻翻书作品、折叠书作品、线装书、结业作品、综合评价表。其中，评价表需要儿童通过自评总结，描述自己在绘本学习中的表现和体会，需要家长通过对孩子日常学习表现和活动表现的观察，描述儿童的课程学习情况，还有教师的评语。一年下来，每个孩子至少珍藏了5本以上原创手制绘本。

学期结束时，教师们开始商议如何为孩子们搭建展示自我的舞台。有的教师建议举办新书发布会，模仿时下的流行模式，让孩子们自己讨论、策划、准备，自己商量解决活动中可能出现的各种问题，这样不仅可以让孩子们畅游在自己想象的世界，也让孩子们有了展示才华的机会。但是，也有的教师担心可操作性，因为此项活动不仅需要孩子们良好的团队合作精神，也考验了教师的应变能力和组织能力。最终，大家经过讨论决定，放下顾虑，大胆尝试，相信我们的教师，相信我们的孩子，挖掘出他们的潜力。就这样，新书发布会拉开了序幕。

我们搜集了一些有趣的国外发布会的影像资料和照片，让孩子们通过直观感受，对活动产生兴趣和探索欲望，然后采取分组合作的形式，讨论活动的各个环节。最后确定5个环节："原创绘本剧表演""绘本达人秀""年度创意绘本发布""获奖者感言""参观新书展"。接下来的准备工作，孩子们更是干劲十足，设计活动海报，绘制邀请卡，布置书展，制作道具，绘本剧彩排，编写主持词，邀请颁奖嘉宾……在排练准备中，孩子们三五相聚，互相介绍、展示他们的作品。通过创设小舞台，孩子们自编自导的绘本表演和偶戏表演让大家惊讶不已，而教师在整个过程中积极鼓励孩子们展开自评与互评。

经过3周的准备和排练，我们终于迎来了期盼已久的新书发布会。极富创意自制的邀请卡，早早送到了家长和小伙伴们的手中。此时，他们正被绘本馆外橱窗内的海报所吸引，热情洋溢的语言、美轮美奂的画面，让人在驻足观赏之时对即将举行的新书发布会充满期待。

走进新书发布会会场，扑面而来的是孩子们独特而又富有创意的气息，每个人脸上都洋溢着幸福的笑容。孩子们精心布置的新书展活泼又童趣，陈列的绘本记录着孩子们的喜怒哀乐。当孩子们手拉手捧起自制绘本时，他们脸上的自豪感不言而喻。

舞台上，孩子们正在表演自己的绘本剧。奇思妙想的内容、夸张的表演、有趣的语言，逗得大家开怀大笑。孩子们手中的道具都是他们自己搜集材料制作的，栩栩如生，极富舞台效果，将他们的艺术创造力发挥得淋漓尽致。家长们在参加完新书发布会后，对孩子们的成长惊讶不已，认真地填写了评价表。

这样的新书发布会无疑是成功的。因为，这里为孩子们搭建了表达自我、展示内心世界的舞台，既推动了他们的创造热情，也让家长有机会全面了解孩子，鼓励并支持他们继续用画笔描绘生活，表达对生活的感悟。

少年宫儿童绘本创作课程的开发与建设，不仅提升了孩子们的实践创新能力，使课程价值得以彰显，也使团队教师主动学习，不断加深新课程观的教育理念，跟进校外课程发展的步伐。艺术教育的最高境界是心灵的抵达、灵魂的唤醒。为此，我一直努力朝着这个目标不断前进。

附：少年宫儿童绘本创作课程主题内容安排

主题	活动内容	活动准备
《关于我们》	赏经典：我和别人不一样 看世界：翻开成长回忆的相册	1. 经典绘本 2. 自己的生活图片收集 3. 各色卡纸、彩带、水彩笔、炫彩笔、双面胶、彩色花边贴纸、花纹包装纸等 4. 展台、音响 《我是特别的》《我是谁》 《走开，绿色大怪物》《我喜欢自己》特蕾西·莫洛尼 《菲菲生气了》《我的感觉》斯贝蔓
《关于我们》	寻秘密：书的演变与发展 制图书：手卷书制作	
《关于我们》	绘故事：我和别人不一样	
《关于我们》	绘故事：我的喜怒哀乐	
《关于我们》	绘故事：我的家庭、我的朋友	
《关于我们》	绘故事：我和我的影子、我的小秘密	
《关于我们》	试设计：手卷书的装帧设计	
《关于我们》	展绘本、演剧本：手卷书的那些事	
《谁是英雄》	赏经典：他会是英雄吗？ 看世界：英雄人物大搜集	1. 经典绘本 2. 多媒体视频 3. 彩色卡纸、各色装饰纸、彩绳、彩带、双面胶、热熔胶、剪刀、彩色纸、油画棒、水彩笔、签字笔 4. 展台、音响 《我不知道我是谁》英乔恩·布莱克 《小街的英雄》澳大利亚格雷戈里·罗杰斯 《大英雄威利》英安东尼·布朗
《谁是英雄》	寻秘密：完成构思单 制图书：四页书的制作	
《谁是英雄》	绘故事：他的英雄梦（一）	
《谁是英雄》	绘故事：他的英雄梦（二）	
《谁是英雄》	绘故事：他的英雄梦（三）	
《谁是英雄》	绘故事：他是最棒的	
《谁是英雄》	试设计：封面封底讲故事	
《谁是英雄》	展绘本、演剧本：英雄的故事	
《门外的世界》	赏经典：自然生态中的森林	1. 经典绘本、PPT 2. 联系自然博物馆，设计儿童调查研究报告书 3. 相机、卡纸相册、照片、剪刀、记号笔、固体胶、双面胶、彩色卡纸、各类装饰材料铅笔、水彩笔、水粉、水溶性彩铅等 4. 展台、音响 《我们的森林》台湾地区邱承宗 《古力和古拉》日本大村百合子 《池上池下》台湾地区邱承宗
《门外的世界》	看世界：探秘自然博物馆 完成调查研究报告	
《门外的世界》	寻秘密：完成绘本构思单 制图书：折叠书制作	
《门外的世界》	绘故事：穿越时空（一）	
《门外的世界》	绘故事：穿越时空（二）	

续 表

主题	活动内容	活动准备
《门外的世界》	绘故事：穿越时空(三)	电影《鸟瞰地球》法国杨·阿尔蒂斯-贝特朗 《地底下的动物》日本大野正男 《第一次发现》丛书 《走进远古时代》 《我们的海滨朋友》日本松冈达英 《你睡着了吗?》台湾地区邱承宗 《我们去钓鱼》台湾地区邱承宗 《瓦尔登湖》美国·梭罗 《亲爱的小鱼》法国安德烈·德昂
	绘故事：让我们来照顾它	
	试设计：折叠书装帧设计	
	展绘本、演剧本：我是环保小卫士	
《探秘自然》	赏经典：自然生态中的森林	1. 经典绘本准备 2. 联系自然博物馆，设计踩点线路 3. 牛皮纸卡纸相册、照片、剪刀、固体胶、木胶、照片角贴纸、彩色卡纸、签字笔、铅笔、水溶性彩铅 4. 展台、音响 《笔记大自然》美国克莱尔·沃克·莱斯利 《自然笔记》芮冬莉 艺术之旅：赴运河公园亲子游 《自然图鉴》 《十四只老鼠去郊游》 《小莲的花草四季》 《发现之旅》托尼·赖斯
	看世界：探秘自然博物馆	
	寻秘密：镜头里的大自然寻秘密：完成绘本构思单	
	寻秘密：完成绘本构思单	
	制图书：折叠书装帧设计	
	绘故事：穿越时空，创编绘本	
	展绘本、演剧本：我们都是大自然的孩子	
《忙碌的地下世界》	赏经典：读读关于蚂蚁的书	1. 经典绘本 2. 制作翻翻书的小纸片、剪刀、固体胶、双面胶、彩色卡纸、签字笔、铅笔、马克笔 3. 展台、音响 《两只坏蚂蚁》 《蚂蚁日记》 相关蚂蚁生活习性的图片资料 纪录片《微观世界》
	看世界：观看纪录片《微观世界》	
	谈创想：你的蚂蚁王国什么样	
	绘故事：我们的地球、外太空	
	画故事：揭秘地底下的世界	
	试设计：为图书设计封面、封底	
	展绘本：无字书的联想故事会	
新编《三只小猪的故事》	赏经典：话说原本的故事	1. 经典绘本准备 2. 牛皮纸卡纸相册、照片、剪刀、固体胶、木胶、照片角贴纸、彩色卡纸、签字笔、铅笔、水溶性彩铅 3. 展台、音响 《三只小猪》日濑田贞二 《三只小猪的真实故事》美莱恩·史密斯 《三只小猪》大卫·威斯纳
	寻秘密：这可怎么办？完成构思单 制图书：精装书的制作	
	绘故事：故事接力赛1	
	绘故事：故事接力赛2	
	绘故事：故事接力赛3	
	绘故事：原来是这样	

续　表

主题	活动内容	活动准备
新编《三只小猪的故事》	试设计：藏在环衬里的秘密	
	演剧本：新编三只小猪的故事	
仿编《失落的一角》	赏经典：它是谁？ 看世界：寻找之旅	1. 经典绘本 2. 制作纸叠书的纸张 3. 剪刀、双面胶、固体胶、勾线笔、马克笔 4. 展台、音响 《失落的一角》谢尔·希尔弗斯坦 《小黑鱼》李欧·李奥尼
	寻秘密：文本构思单 制图书：平装书的制作	
	绘故事：寻找的力量	
	绘故事：我来帮助谁？	
	绘故事：＊＊的一角(1)	
	绘故事：＊＊的一角(2)	
	绘故事：＊＊的一角(3)	
	展绘本、演剧本："特别的一角"演展	
《无锡是个好地方》	赏经典：关于无锡的那些传说	1. 惠山古镇、泥人博物馆踩点 2. 经典绘本 3. 各色卡纸、铜版纸、无锡风景图片、彩笔、双面胶、中国风纸胶带、印章等 4. 展台、音响 中国风儿童文学名作绘本书系： 《大阿福》 《关于美食的绘本》米歇尔·斯卡西 《兔儿爷》熊亮 《推土机年年作响,乡村变了》约克·米勒 《回忆我的七十年代》静茹 《世界上最美丽的村子——我的家乡》小林丰
	看世界：探访古镇和泥人博物馆,完成调查研究报告	
	制图书：线装书的制作	
	绘故事：无锡的起源、阿福和阿喜	
	绘故事：美味的无锡小吃、民间工艺	
	绘故事：名胜古迹、未来无锡	
	试设计：封底讲故事	
	展绘本：无锡那么美,带你去看看	
《中国节日》	赏经典：走进中国节	1. 经典绘本、影像资料、PPT 2. 相机、卡纸相册、剪刀、记号笔、固体胶、双面胶、彩色卡纸、各类装饰材料黏土、铅笔、水彩笔、水粉、水溶性彩铅等 3. 绘本小舞台 《中国记忆春节》王早早 《中国记忆元宵节》 《中国记忆春龙节》 《中国记忆清明节》 《中国记忆端午节》
	看世界：欣赏中国节的风俗	
	制图书：线装书的制作	
	绘故事：中国记忆(一)	
	绘故事：中国记忆(二)	
	绘故事：中国记忆(三)	
	试设计：线装书的装帧设计	

续 表

主题	活动内容	活动准备
《中国节日》	展绘本：中国娃的中国节	《中国记忆中秋节》 《中国记忆冬至节》 《十四只老鼠打年糕》岩村和朗 《十四只老鼠去赏月》岩村和朗
"小绘本大创意"——新书发布会	活动一：策划准备发布会 活动二：活动海报设计 活动三：邀请卡设计 活动四：道具场景制作 活动五：绘本剧、戏偶表演编排 活动六："小小故事会"彩排 活动七：布置书展 活动八：新书发布会	收集前几届"新书发布会"影像资料、经典海报设计范例、各种材质的纸头与绘画工具、美工工具。 共同收集各种形状的纸盒、纸箱、彩色纸、线绳、瓶盖、瓶子等废弃材料。 适合绘本剧角色的服装道具、适合故事会的场景以及道具、桌子、桌布、小摆设、奖品。

教学方案 1

单元	第八单元《无锡是个好地方》	单元课时	第1,2课时
主题	看世界：探秘惠山古镇、泥人博物馆		
背景分析	活动分析： 　　对生活的环境的感知和体验是学生认识周围世界的开始。学生们虽然生活在无锡，但是由于城市的现代化建设和发展，传统的风俗习惯保留地越来越少，因此缺乏相应的感知和体验。我们在选择入手点时，发现惠山古镇和泥人博物馆都是能够代表无锡地方特色的参观点，而且地理位置离我们少年宫近，对学生们寻访无锡以前的生活环境和无锡的特产之一——泥人，有着很好的参观和考察价值。通过这个参观活动，给学生创设一个探索的良好环境，学生会对古镇和泥人有较为深刻的印象和了解，为接下来活动的顺利开展提供直接的感知经验。 活动重点：针对构思单有针对性、有目的地进行参观活动，并能进行重点观察。 活动难点：活动中，能够根据构思单，主动设计参观路线和观察重点，并会用适合的手段进行记录。		
教学目标	1. 知道构思单的内容、作用以及要求，有针对性地进行探索和发现。 2. 根据构思单的内容，完成调查研究报告。 3. 参观惠山古镇和泥人博物馆，初步了解无锡的文化历史和民间艺术。		
学与教活动设计			
活动名称	活动步骤	备注	
一、认识《构思单》	1. 观看视频《两个参观者》，发现带着目的参观和毫无目的的参观的不同效果，知道完成《构思单》的意义和重要性。 2. 教师出示《构思单》，引导学生了解构思单的内容、完成要求及完成方法。 3. 请个别学生示范填写《构思单》，教师评价。	音像视频、构思单 学生示范填写时不需要书写，口述各项构思单的内容即可。	
二、参观惠山古镇和泥人博物馆	1. 提出参观要求： (1) 针对构思单的问题，边想边看边寻找。 (2) 发现有兴趣的，马上在速写本上进行记录或者拍照记录。 (3) 可以和同伴进行适当的交流探讨，注意不大声喧哗，不影响他人。 2. 组织参观惠山古镇和泥人博物馆，倾听义务工作者的讲解，感受无锡的历史文化和民间工艺。 3. 观看泥人大师的现场制作过程，初步体验传统手艺的精湛。 4. 返回少年宫。	联系参观点，确定时间，邀请讲解员。 学生带好相机、速写本等。 参观时，可以适当引导学生针对讲解，提出自己的疑问，敢于提问题。	
三、参观总结，完成构思单	1. 总结参观情况，学生交流参观感受和发现的秘密，展示写生作品。 2. 完成构思单。 3. 根据教师的指导意见，修改完善构思单。	分组交流讨论参观感受，教师听取各组总结。	

续 表

教学反思	学生对构思单有了解的基础上，可以适当和学生讨论，一起设计构思单，学生的参与主导作用会发挥得更好。观看完泥人大师的现场制作后，很多学生都有些跃跃欲试，想自己也来尝试一下绘制泥人。在今后的活动中，可以适当安排一次实际的体验制作活动。

教学方案2

单元	第八单元《无锡是个好地方》	单元课时	第3、4课时
主题	赏经典：探访家乡——无锡		
背景分析	活动分析： 　　在上节课，通过参观活动，学生们对无锡产生了初步的探索兴趣。接下来需要由点到面，引导学生主动收集，寻找无锡的方方面面特征，扩大到对无锡有一个较为全面的认知。本次活动通过一些经典绘本的欣赏，针对无锡这个城市形成的来龙去脉以及城市的特征、城市的特产等方面来感知无锡。 活动重点：收集准备工作的充分性以及学生知识准备的丰富性，以及学生能较为流畅地介绍自己的收集；拓展传说故事，创编故事文本。 活动难点：引导学生从无锡的哪几个方面来感知无锡的特征，如何将几个方面的内容流畅地贯穿，一气呵成；学生能用精炼的语句表达概括对无锡的感知；学生能发挥想象，用恰当的语言文字创编故事文本。		
教学目标	1. 了解无锡的起源、特产、名胜古迹等基本信息，主动搜集、积累素材，加深对家乡地域文化的认识。 2. 知道关于无锡的传说故事，并延伸拓展话题，完成绘本故事的文本创作。 3. 通过画面的创编，表达对家乡的认识与喜爱。		
学与教活动设计			
活动名称	活动步骤	备注	
一、欣赏经典，导入课题	1. 师生共同欣赏经典绘本《荷花镇的早市》、《传统节日》，引导学生体会绘本所传递的浓郁的中国元素和炽热的乡情。	经典绘本《荷花镇的早市》、《传统节日》。	
二、探究故事，无锡的传说	1. 由经典绘本引出家乡—无锡的话题，讨论：无锡是个什么样的城市？无锡有哪些传说故事？ 2. 请学生带上自己收集的有关无锡的资料图片等，介绍"我眼中的无锡"，主要围绕无锡的来源、特产、名胜古迹等作大概的介绍。 3. 教师总结：我们居住的家乡无锡也是个山美水美人美的好地方，从现在开始，我们一起来了解我们的家乡——无锡。 4. 观看《泰伯的故事》、《阿福阿喜》、《无锡名的由来》，重点了解无锡地名的由来以及关于无锡阿福的传说故事。	活动前要求学生收集有关无锡的资料、图片、歌曲、传说故事等。并将收集展示在活动室的各个角落。 经典绘本《泰伯的故事》、《阿福阿喜》、《无锡名的由来》等。	

续 表

活动名称	活动步骤	备注
三、创编文本无锡的传说	1. 概况总结传说的特点：有一部分是真的，并不完全是真实的，也有很多想象的部分。 2. 根据听到的各种无锡的传说，发挥想象，自己创编绘本的文本，用文字记录。 3. 交流创编的文本，进行互评、教师点评。 4. 进一步修改文本，直至定稿。	创编文本时，不光要充分发挥想象，还要提醒学生想象要合乎事情发展的逻辑，不能完全不着边际。
四、活动延伸：过去的无锡	课后要求有条件的学生由父母带领参观少年宫旁边运河公园内的百米汉白玉长廊，了解过去的无锡人的生活，并用拍照、速写等方式记录过去的无锡人生活的场景，进一步丰富创作的素材。	自带相机、速写本等。
教学反思	本节课的内容较为广泛，包括了无锡的传说、特产、名物等，请个别学生展示介绍无锡时，显得有些杂乱。如果展示前分组分类别（特产组、名胜古迹组等）进行介绍，会更有系统性和条理性。如果有条件可以请无锡的老人一起来参与此次活动，说说无锡的故事。创编文本时，有个别学生无法大胆进行创编，不敢下笔。教师引导此类学生以某个熟悉的民间传说为原型，情节稍加改动，完成文本的创作。	

教学方案3

单元	第八单元《无锡是个好地方》	单元课时	第5、6课时
主题	寻秘密：线装书的制作		
背景分析	活动分析：本活动在整个单元活动中属于探索绘本秘密阶段。在本阶段学生在了解、欣赏传统的线装书后，通过学生自主探索，发现，分析，进一步发现线装书和现代书的不同，学会自己制作简单的线装书。本活动的操作性较强，有利于激发学生的手工创作兴趣，充分发挥想象力和创造力，陶冶学生的审美情操。 教学重点：充分发挥学生的观察分析能力，引导学生观察传统线装本和现代书本，分析两者的不同。 教学难点：如何引导和激发学生对绘本的兴趣进而激发创作绘本的欲望，如何引导学生动手制作线装本，感受传统文化的魅力。		
教学目标	1. 主动观察和分析传统线装本和现代书本的不同，了解线装书的特点。 2. 掌握简易的线装书制作方法，提高动手能力。 3. 通过学习、交流与评价，感受现代绘本创作与传统线装书碰撞的趣味。		
学与教活动设计			
活动名称	活动步骤	备注	
1. 激发兴趣，导入课题	1. 出示线装书，请学生猜猜这是什么？是一本什么样的书？ 2. 引出课题——线装书。观看PPT，了解线装书的发展史。 3. 将线装书与现代书本作比较，观察，比较，发现并说出线装书和别的书不一样的地方。找出线装书的一般特征。 4. 提出课题——制作线装书。	观察和表达很重要，通过初步观察，学生找到线装书和现代图书的不同，猜测分析制作方法。并能用自己的语言表达出来。充分激发学生的好奇心和自我探究的兴趣。	

续 表

活动名称	活动步骤	备注
二、继续观察自主探究	1. 学生继续观察线装书和现代书本的不一样。 2. 分组讨论：从材质、装订材料、装订方法、翻书方向等方面找出线装书的几点制作要素。教师深入小组，听取学生意见。 3. 讨论还可以用什么合适以及现有的材质来制作线装书。 4. 讲解线装书的制作步骤：选纸（封面及内页）——裁纸——分页折叠——钻孔——穿线装订——整理完成。请学生观察并讨论每一步需要注意的问题，教师总结归纳。	教师提出观察的要求，学生带着目的进一步观察线装书,自我探究制作的方法。
三、快乐制作张扬个性	1. 引导学生根据自己喜欢的尺寸选用合适的纸张（封面和内页），并在老师的帮助下裁切整理。 2. 鼓励学生分工合作，进行分页的折叠和钻孔。 3. 根据学生的情况，在老师的协助下，基本完成穿线装订。 4. 鼓励学生进行简单的个性化改动，做出有自我风格的线装书。 5. 整理完成线装书绘本硬体制作。	重点是学生基本能在老师的帮助下，完成制作线装书的硬体制作,鼓励他们有所创新，做出自己的特色。在制作过程中懂得胆大心细，能注意个人手部安全。
四、作品展示交流汇报	1. 展示自己制作完成的线装书硬体。并简单介绍下自己的线装书有什么特别之处。 2. 评选出最佳小手艺人。	
五、课后延伸收集资料	1. 在家里老人们的帮助下，寻找搜集关于无锡起源的故事。 2. 找找家里的无锡泥人阿福和阿喜。	
教学反思	传统的线装书是从左向右翻页，学生可以根据自己的喜好进行改良和创新。要多让学生自己观察，而不只是示范、讲解制作步骤，多通过学生的自主观察、分析研究，探究出大致的步骤和方法，从而培养学生的动手动脑的习惯。在制作的过程中，有的环节对于学生来说，要反复强调安全，比如钻孔、穿线等过程，以免造成不必要的意外情况。	

教学方案 4

单元	第八单元《无锡是个好地方》	单元课时	第7、8课时
主题	绘故事：阿福和阿喜		
背景分析	活动分析：本活动在整个单元活动中属于表现绘本语言阶段。学生在上一个课时制作了线装书的硬体后，感受到了初步成功的喜悦。通过第一阶段绘本旅行阶段的资料、素材的搜集，学生已经被激发出绘画创作的热情，本活动发挥空间大，能充分发挥学生的想象力和创造力，陶冶学生的审美情趣。 教学重点：充分发挥学生的想象力和表现力，运用以往掌握的表现手法创作以无锡的传说和阿福阿喜为主角的画面。		

	教学难点：如何引导和激发学生对绘本的兴趣进而激发创作绘本的欲望,引导学生绘制好无锡的传说等画面,用画笔再现古老的无锡,如何拓展学生的表现手段和创新能力等。
教学目标	1. 熟悉线装书硬体风格的特点,运用点、线、面创作画面。 2. 在创作过程中能个性化表达自己的奇思妙想,增强画面内容的趣味性。 3. 乐于与同伴分享创作构思。

学与教活动设计		
活动名称	活动步骤	备注
一、激发兴趣导入课题	1. 请学生说说搜集到的关于无锡的传说。介绍带来的惠山泥人阿福和阿喜。 2. 老师提出要求,学生观察阿福和阿喜的外形,发现泥人身上出现的牡丹花、神兽等吉祥图案。 3. 出示课题——无锡的传说,阿福和阿喜。	学会在创作前搜集素材,向同伴介绍自己搜集到的素材,对于学生创作绘本有很大的帮助,能提高学生自主探究世界的能力,学会在生活中发现美,进而激发表现美的热情。
二、欣赏绘本自主探究	1. 欣赏绘本《大阿福》《兔儿爷》,观察分析无锡大阿福和北京兔儿爷在外形上不同特点,从而加深对无锡大阿福的印象。 2. 播放课件,无锡的传说故事,泰伯建设吴地、周处除害、无锡名字的由来,无锡大阿福的各种变化等。 3. 在素材中选择自己最喜欢的那个传说和形象。	教师提出问题后,鼓励学生自由联想,并给予学生思考的时间,以寻求创意。
三、快乐创作张扬个性	1. 安排画面主要故事情节。教师引导学生不仅要画出传说故事中的主要人物,还要配合周围的环境,如古代的房屋、山林等。 2. 可以适当加自我特色和创新,比如穿越等,使得绘本有趣、好玩、有个性。 3. 学会灵活尝试点、线、面,并配合线装书硬体的风格创作画面。 4. 安排画面环境并上色。	对于已经具备了一定的绘画水平和手工制作能力的学生,需要的是教师的启发和鼓励,让他们在轻松、愉快的环境中大胆地联想与创作。
四、作品展示交流汇报	1. 同伴间相互欣赏。 2. 挑选优秀的作品与大家一起分享。	
五、课后延伸收集资料	1. 教师请学生回家搜集资料,关于无锡的美食和民间工艺品的图片,实物等。	
教学反思	传统的古代传说很能激发学生的兴趣,但由于没有生活体验,所以光有空想,想表现画面还是有一定的难度的,所以可以适当给学生欣赏一些表现古代景物、人物的画面,再加上学生自己的理解和想象,加以表现。	

教学方案 5

单元	第八单元《无锡是个好地方》	单元课时	第 9、10 课时
主题	绘故事：美味小吃、民间工艺		
背景分析	活动分析：无锡是一个物产丰富、美丽富饶的鱼米之乡。小笼包、酱排骨、油面筋、水蜜桃、太湖"三白"美名远扬。无锡的泥人、紫砂、竹刻、锡绣等精湛的民间工艺品更是驰名中外，拓展学生对无锡本土文化的知识面，有利于增强学生热爱家乡的情感。本活动在整个单元活动中属于表现绘本语言阶段，学生对画面布局构图的能力还需加强，学习图文结合创作绘本主题，养成绘本创作的兴趣。 教学重点：引导学生发挥想象，大胆构思，以美味的无锡小吃和精湛的民间工艺为切入点，进行创作。 教学难点：如何激发学生的想象力和动手能力，设计出造型独特有趣和富有无锡特色的画面是本主题活动的重点和难点。		
教学目标	1. 了解无锡的小吃和民间工艺，表现带有浓郁地方特色的主题绘画。 2. 通过独立构思、大胆想象，继续完善绘本故事的表达。 3. 喜欢绘本创作活动，乐于在集体面前表达自己。		
学与教活动设计			
活动名称	活动步骤		备注
一、激发兴趣导入课题	1. 念一念无锡方言儿歌《无锡是个好地方》，感受独特的吴文化。 2. 儿歌讲了什么？你们喜欢吗，为什么？ 3. 出示课题——美味的无锡小吃和民间工艺。		引导学生从多角度收集资料和素材，并与已知的生活经验作比较而产生联想，能充分激发学生探究和创作的兴趣。
二、欣赏绘本自主探究	1. 欣赏摄影图册《镜头中的无锡美食》、《镜头中的无锡工艺品》，以及学生搜集带来的图片和工艺品实物。（学生感受并归纳总结美味的无锡小吃和民间工艺，尝试用无锡话来说一说） 2. 谈一谈对自己绘本的构思，为什么？ 3. 教师总结学生提议的构图方法，并讲解跨页、延伸页的使用。 4. 在素材中选择自己最喜欢的小吃和工艺品，填写绘本任务单，勾选作用材料等内容。		师生互动讨论：如何在画面绘制中合理运用自己的形象性思维，从图片资料中吸取创作灵感。 准备绘本高级班学生的优秀作品供大家欣赏交流。
三、快乐创作张扬个性	讨论归纳，学生自主创作。 1. 鼓励学生恰当灵活运用各种绘画手法，使画面变得更生动有趣。 2. 设计故事场景，巧妙合理的布景。 3. 体会线装书独特的绘画风格，注意线条的形态变化。 4. 教师巡回辅导。		学生在绘画创作的过程中，注意抓住有趣的情节，可以从整体到局部、镜头的多角度，细致描绘各个特色环节，体现最好的视觉效果。
四、绘本展示评价交流	1. 同伴间相互传阅作品，评出表现手法独特灵动的作品，大家一起分享。 2. 以评选"绘本玩家"的游戏方式开展互评，教师对各位同学的绘画方式及材料选择做出评价。 3. 选出积极参与课堂的小组和学生，表扬奖励。		展示作品，表述故事内容，比比谁的作品最有吸引力，设计最巧妙，最能表现出无锡味绘本的特点，评选出本次活动的"绘本玩家"。

续 表

活动名称	活动步骤	备注
五、课后延伸活动预告	1. 与家人一起逛逛南禅寺美食街和工艺品市场。 2. 预告下次活动的主题：无锡充满温情和水，请学生收集有关无锡各个名胜古迹的资料。	鼓励学生平时注意观察、收集资料和媒体材料。
教学反思	任何一幅好的作品都源于作者深切的情感及灵感的结合，本课的优势在于主题内容是学生们非常熟悉的，来自于生活中的经验积累，在教学中教师尽可能的鼓励和引导学生想象，运用形象化的声情画意，设置情境等手段，激发学生打开广阔的想象思维空间。在创作的过程中，少数学生画面表现拘谨，对无锡美食和工艺品的感受不深，准备工作欠缺，教师在拓展活动的时候要重视养成学生搜集资料的意识与能力。	

教学方案6

单元	第八单元《无锡是个好地方》	单元课时	第11、12课时
主题	绘故事：名胜古迹		
背景分析	活动分析：无锡不仅物产丰富，而且历史悠久、风景优美，有着众多的名胜古迹。学生在上一次活动中已完成无锡小吃和民间工艺的图文表达，本次活动将表现无锡山水秀美、人文景观众多的绘本内容，体验绘本创作的趣味。 教学重点：通过观察、分析和交流，完成对无锡名胜古迹故事画面的图文创作。 教学难点：如何用独特的视角表现无锡的美景，并将故事中名胜古迹的局部与细节巧妙的展现出来。		
教学目标	1. 了解无锡的名胜古迹，通过收集素材，发挥想象，用自己独特的视角表现无锡的美景。 2. 能将故事中名胜古迹的局部与细节巧妙地展现出来。 3. 乐意参与绘本创作活动，感受线装书的独特魅力。		
学与教活动设计			

活动名称	活动步骤	备注
一、激发兴趣导入课题	1. 一起聆听《太湖美》 2. 太湖在哪里，它的周边有什么？ （鼋头渚、蠡园、灵山大佛等） 3. 出示课题——无锡的名胜古迹知多少	鼓励学生大胆讲述，自由发言，带着收集到的素材，回忆自己在家乡的旅行经验，在活动中提高自己的语言表现力和交往能力。
二、观赏绘本理性分析	1. 欣赏经典绘本《世界上最美丽的村子—我的家乡》 2. 你知道无锡有哪些风景秀丽的地方，它们各有什么特点？（请学生结合自己的生活体验，说说对各大名胜古迹的印象，喜欢它的哪个方面？） 3. 在素材包中选择自己喜欢的美景，完成绘本任务单的填写。	师生互动讨论：如何取景、构图，产生设计灵感。 视屏资料、PPT 准备绘本高级班学生的优秀作品供大家欣赏交流。

续　表

活动名称	活动步骤	备注
三、快乐创作张扬个性	1. 讨论归纳构图的处理，学生自主创作。 (1) 想象讨论：打算选择哪种绘画方式来表现画面效果，为什么？ (2) 选择具有代表性的名胜古迹，有节奏地图文表现。 (3) 通过故事人物的视角表现画面，灵活运用有趣的故事情节体现绘本的趣味性。 2. 教师巡回指导。	鼓励学生放开思路，大胆谈谈自己的想法和感受，在尽情的描述和感受中体验审美和创造的空间，表现个性。
四、作品展示交流汇报	1. 教师将构思奇特的作品在投影上展示，并邀请学生大方自信地向大家介绍其构想。 2. 通过自评、互评等方式点评作品，并提出改进建议。 3. 同伴间分享交流各自的创想。	请学生展示自己的作品，相互观摩欣赏，此阶段强调师生相互回馈与尊重。
五、课后延伸收集资料	回家继续搜集关于现代无锡城的新地标、新景点的图片资料。	
教学反思	本次课程激发了儿童参与绘本活动的兴趣，同伴、教师的欣赏和鼓励更增添了学生们继续进行美术创作的乐趣。作为教师一定要用赏识的眼光带领他们去观察、去思考、去想象、去创作。对于孩子的绘本表达要懂得聆听并尊重，这样孩子对绘本创作的自信和热爱才会得以保持和发扬。	

教学方案 7

单元	第八单元《无锡是个好地方》	单元课时	第 13、14 课时
主题	绘故事：未来无锡　　试设计：封面、封底讲故事		
背景分析	活动分析： 　　经过前阶段的学习，学生已经了解到无锡的起源、特产、名胜古迹等，并且欣赏了线装书的古雅，能够运用已掌握的绘画技能进行创作，形成一定的绘画风格。学习本课后，学生通过教师进一步引导，对无锡的未来进行展望，描绘出心中的未来无锡。同时，学习线装书的装帧设计，完善绘本制作。实施本次活动，重在设计开放性的问题给予学生启发与创造，使儿童在绘本创作的主题与背景的提示下，进一步完成创作，从而在规定时间内呈现绘本作品，这是本课的重点和难点。 教学难点：运用打洞机、棉绳、麻绳等材料，学习线装书的装帧设计，结合一定的绘画和手工制作完成绘本创作。 教学重点：掌握线装书的装帧要领，灵活运用各种手工材料。		
教学目标	1. 了解绘本封面、封底的多种表现手法，尝试进行设计制作。 2. 大胆想象无锡的未来，运用已掌握的绘画技能描绘出心中的未来无锡。 3. 积极参与课堂讨论、展示、陈述等活动，观察并借鉴其他同学的制作经验，实践创作思路。		

续 表

	学与教活动设计	
活动名称	活动步骤	备注
一、激情导读引发兴趣	阅读绘本:《推土机年年作响,乡村变了》《世界上最美丽的村子—我的家乡》,感受城镇的变化,交流变化的过程。	教师设问,有效导入主题;增强语言表达、收集信息的综合能力。
二、巧设悬疑引发想象	1. 教师提问:你觉得无锡的未来会有哪些变化?或者你希望它变成什么样子?引发学生想象、交流。 2. 根据学生的回答,将提到的重要元素进行整合,帮助学生创作。 (学生对画面中的主要人物及元素加深印象)。	给予学生一定的想象空间,同时形象的出现故事中的要素,把握共同阅读时的节奏。
三、分组讨论拓展想象	分组讨论: "如果你是城市规划设计师,你将怎么来描绘未来无锡?" (学生在讨论的过程中,自我总结绘本的核心)。	尽量让学生动口说,放开思路,大胆谈谈自己的想法和感受,在尽情的描述和感受中体验审美和创造的空间,表现个性。
四、结合画面给予方法大胆表现	进行《未来无锡》绘本创作。 1. 完成单页的创作;鼓励学生细心地给背景和其他辅助形象涂色,充实画面背景。选择自己最喜欢的材料和方式表现,可以和老师商量一下自己的构思、技法的处理、大胆而富有个性地表现自己感受最深的主题。 2. 完成线装书封面、封底的设计,结合绘画和手工的表现形式共同表现线装书的古雅和趣味。	学生学习线装书的装帧设计,结合一定的绘画和手工制作完成绘本创作。教师应多启发,鼓励他们在轻松、愉快的环境中大胆地联想与创作。
五、欣赏作品趣味评价	3. 以我是"绘本玩家"的游戏方式展开评价。学生介绍自己的构思,其他同学以"绘本粉丝"的身份向玩家提出各种问题,点评作品,提出建议,在评价设计表上给出星级指数。 4. 教师当即评价学生作品,并请构思奇特的学生在投影上展示分页图,同伴间分享交流各自的构想单、问题回答和分镜图设计得四颗星的小组成员获贴画一枚。	构思奇特的学生展示作品,作品完成后相互观摩欣赏,此阶段强调师生相互回馈与尊重。
教学反思	在本次活动中,我充分让学生发挥想象,大胆交流,在一开始,就运用提问:"你觉得无锡的未来会有哪些变化?或者你希望它变成什么样子?"开放性的问题给了学生启发与创造,同时学生进一步明确了绘本创作的主题与背景的提示,在创作过程中,他们能把自己的想象充分发挥,对无锡的未来进行展望,描绘出心中的未来无锡。学生们饶有兴趣的在老师的指导下尝试制作封面封底,风格迥异,凸显个性。在活动的评价环节,我让学生以小组为单位,评选出"最美无锡",并说说理由,展示作品。	

教学方案 8

单元	第八单元《无锡是个好地方》	单元课时	第 15、16 课时
主题	展绘本：无锡那么美，带你去看看		
背景分析	活动分析： 本课是第八单元的第八课时，进入到"绘本舞台"的主题。在之前主题实施之后，学生已经拥有了一本属于自己的有关家乡的绘本。运用线装书的装帧方式，体现出绘本的古雅，和主题更为契合。在此基础上，推向绘本舞台，则是给予学生一个更鲜活的展示平台。学生通过角色扮演、开设书展等方式，演绎自己的绘本，提升绘本创作的价值。 教学难点：以绘本作品"无锡是个好地方"为主线设计书展，呈现出不同的设计风格。并且在此基础上以"小导游"的身份，设计参观线路、介绍词等。 教学重点：在引导下，规划参观路线，进一步讨论场地的设置，材料的摆放，介绍词的组织。		
教学目标	1. 根据自己创作的绘本，通过角色扮演、开设书展等方式演绎绘本内容，呈现出绘本的亮点。 2. 乐于和同伴交流、合作，大胆展示自己的绘本。 3. 通过绘本展示活动，体验家乡的风土人情。		
学与教活动设计			
活动名称	活动步骤	备注	
一、演绎导入引发兴趣	1. 交流绘本舞台的主要内容； 2. 围绕布置书展、角色扮演讨论。	教师激发学生的兴趣，有效导入主题；增强语言表达、收集信息的综合能力。	
二、巧设悬疑引发想象	1. 教师：如果你是一名小导游，你将如何来介绍自己的家乡？ 2. 根据学生的回答，引导学生扮演小导游，设计参观线路、介绍词等。	给予学生一定的想象空间，同时帮助学生制定参观线路、介绍词等。	
三、分组讨论拓展想象	1. 分组讨论： 以小组为单位讨论"如果我是一名导游，怎样来介绍无锡？" 2. 进一步讨论场地的设置，材料的摆放，介绍词的组织。 （学生在讨论的过程中，教师给予帮助）。	尽量让学生动口说，放开思路，大胆谈谈自己的想法和感受，在尽情的描述和感受中体验演绎绘本的乐趣，表现个性。	
四、大胆表现精彩演绎	进行《无锡那么美，带你去看看》的绘本展示。 1. 分组轮流进行介绍。 由一位学生扮演导游，主要介绍无锡的特产、美景、未来等，其他组员可以配合导游介绍的内容，逐一出示绘本插图、手工制作的道具，或者是亲自扮演民间艺人等。 2. 将绘本布置成书展，带领爸爸妈妈参观欣赏。	帮助学生准备材料、布置场地、提供各种辅助工具。另外，邀请爸爸妈妈到场观看。	

续 表

活动名称	活动步骤	备注
五、欣赏表演趣味评价	1. 以我是"绘本玩家"的游戏方式展开评价。学生介绍自己的构思，其他同学以"绘本粉丝"的身份向玩家提出各种问题，点评作品，提出建议，在评价设计表上给出星级指数。 2. 教师当即评价学生作品，并请构思奇特的学生介绍各组的设计思路。	分组展示演绎，作品完成后相互观摩欣赏，此阶段强调师生相互回馈与尊重。
教学反思	"绘本舞台"是全方位展现绘本创作的平台，因此对绘本、学生、教师的要求都非常高。基于"无锡是个好地方"这一单元特点，通过交流讨论，大家设想用"小导游"这一角色扮演来演绎绘本，同时加入手工制作等，使绘本的内容变得生动立体。在前期准备活动中，我充分让学生发挥想象，大胆交流和尝试，虽然遇到了很多困难，但通过相互帮助，不断调整，问题都迎刃而解了。在展示活动中，学生们个个精神饱满，充分演绎着自己的角色，每组呈现出不同的风格，可圈可点，各具特色，在座的各位家长朋友都连连称赞！家乡无锡，在学生们心中将会越来越美！	

案例二　校外国粹课程开发与研究

——以苏州工业园区青少年活动中心为例

长期以来,世界各国普遍非常重视本民族传统文化的教育,把加强传统文化教育作为文化传承和国家改革的重要措施。由于各国历史传统和文化背景等因素的差异,其传统文化教育的目标、价值取向、教育内容以及教育方式等方面都存在着不同,能够传入国内的有关课程开发研究成果甚少,尤其是对传统文化教育的课程建设研究成果更难觅其踪。

而国内,在新一轮基础教育课程改革的推动下,我国许多中小学都进行了学校课程改革的实践研究,但是就校外教育机构的课程建设尚处于起步阶段,全国各级教育部门至今未发布任何有关青少年校外教育的课程计划或指导意见,各级教育科研机构对青少年校外教育课程理论研究尚未产生成熟的研究成果。各地少年宫、青少年活动中心等校外教育机构均"各自为政",大多仅能面向青少年"灵活"开展、不具有课程意义的学科辅导教学,能够组织开展课程研究者更是寥寥。国粹教育在各校外教育机构亦处于初步兴起阶段,尚未形成课程属性的教育体系,教育目标、教育内容、教育方式方法等均有待探明。

苏州工业园区青少年活动中心自2009年5月正式对外运营以来,坚持以学生发展为本,以"孕育潜质、奠基未来"为宗旨,围绕"园区人、中国心、世界眼"育人理念,着力打造青少年国粹教育特色,开展了校外国粹课程开发与发展的实践探索。历经七年左右时间,中心国粹课程在实践中不断发展,经历了从无到有,从有到多,从多到精的历程,形成了以"中国心"课程理念为核心,十四个国粹社团课程为主要内容,市区青少年国粹系列活动、节庆国粹体验活动为补充的校外国粹课程体系。

一、中心国粹课程发展前期历程

（一）大起大落

从国粹馆参观人人叫好到国粹社团开办鲜有人问津

考虑到苏州是吴文化发源地,2008年中心在规划设计时,就将"国粹艺术馆"纳入设计意图,在三楼专辟450平米圆形区域用于国粹传承教育。同时,邀请专家整体规划设计国粹艺术馆,分国粹大厅、国学堂、国韵苑、国艺坊四个分室,特色鲜明,布置精美,各具功能。

2009年5月15日,中心正式对外开馆。国粹艺术馆作为免费的公益主题馆也正式对外开放。国粹艺术馆有着丰富的国粹文化内涵,能参观,能体验,能互动,吸引了众多孩子来馆切身感受国粹文化的魅力。凡是参观过中心国粹馆的人都拍手叫好,称赞在校外教育场馆专辟国粹特色馆的做法好。

为了聚拢人气,2009年底,中心国粹艺术馆与苏州民间文化艺术交流中心联合主办"走近经典 感悟国粹"首届国粹文化艺术节,组织传统文化体验展示活动,吸引孩子参与。这期间组织了剪纸、线编、棕编、昆曲、刺绣、古琴、桃花坞木刻、国学等传统文化体验活动。而后,又组织了"红红火火过新年"新春游园活动,吸引了2 000多个家庭前来参加。

活动确实拉动了国粹艺术馆的人气,但风光只是一时,活动过了,馆内还是冷清。于是,中心开始思考怎么让国粹艺术馆有固定的学习国粹技艺的孩子。2009年9月,国粹艺术馆首次尝试对外开设昆曲、苏绣、国学收费培训班,但无人问津,首次招生失败。而后,国粹艺术馆春季班开设的国学堂幼儿亲子班仅3人报名、昆曲班仅2人报名。人人叫好的国粹艺术馆举办国粹培训时却遭遇"寒流",中心人很困惑,甚至有人开始怀疑,校外是否应该建叫好不叫座的国粹艺术馆。

（二）坚持不懈

从单一收费培训班到系列国粹公益社团

收费培训班路走不通,招不到学员,怎么办?坚持,坚持公益举办,国粹社团贴钱也要办,社会呼应少,我们来引导。此时的中心已下定决心,将青少年国粹教育作为中心特色来发展,坚持国粹公益之路。

2009年,中心因国粹馆而开设了第一个国粹项目——昆曲。昆曲在2001年被联合国教科文组织列为"人类口述和非物质遗产代表作"。我们设定此项目为培训收费班,邀请专业演员老师执教。秋季班3个人,贴钱也开,来年又只有2个人。

于是,动摇了,到底办不办。最终决定还是要办,转成公益试试。很快,12个学生招满了,我们的公益昆曲体验班成立了。慢慢地,体验班的昆曲学员主动要求深入学习昆曲,初级、中级等阶梯班开始形成,到现在小昆剧团已经有了4个班五十余名学员,昆曲成为中心一个热门项目。

此后中心成立八大课程中心,其中有一个就是"国粹艺术中心",由专人担任课程中心负责人。凡是与国粹有关的常规培训项目,如国画、书法、围棋等都纳入国粹艺术中心统一管理。再加上特色的国粹项目,目前参与国粹社团学习的学员近千人,扩大了国粹社团的影响力。

2012年3月,国粹艺术馆确定扩大公益社团项目的思路,举办桃花坞木刻年画、评弹、丝绸之路、孔子书院四个公益社团。中心投入两万余元布置蚕房丝织器具,与苏州民间文化艺术交流中心合作创办丝绸之路——蚕桑研究体验社,纳入《姑苏晚报》"小开心大发现"系列首站活动。2013年初,国粹艺术馆公益社团课程已扩容到16个,每期招收学员突破260人。

(三) 多中选优

从教师特长到学生兴趣

坚持公益,坚持品质,国粹社团人气越来越旺。这时候,中心考虑的是让更多的孩子能体验到丰富多彩的国粹项目,只要能找到有特长的艺人或教师就急急地推出新的国粹社团。一时间,社团项目不断庞大,表面风光,却忽略了教育的对象——孩子,忽略了孩子的兴趣。于是,意想不到的情况发生了:

因体验活动时现场参与人多,就盲目地开设捏面塑剪纸班,开了一期后又因艺人没空而未能开班;考虑到苏剧为苏州濒危剧种,而且有苏剧团的知名艺人,于是就在中心开办苏剧社,举办一期后,招募时无人问津只能取消;有了评弹苏州话,同时又引进吴歌(苏州话说唱童谣),结果办了两期吴歌,学员渐少……

为了克服盲目性,中心开始研究孩子,开展课题研究。2011年起,中心先后邀请课题研究专家就中心申报及组织实施的国粹课题进行具体指导。2011年11月,中心的《科学利用国粹资源,开展青少年活动中心特色实践活动的研究》课题成功申报苏州市十二五教育科研课题。随着课题研究的深入,中心开始关注学生对国粹项目学习的需求。比如男孩子更多喜欢运动类国粹项目,就开设了武术、太极社;女孩子更多喜欢传统戏曲,就开设了昆曲、京剧等戏曲班。还有,目前不少孩子喜欢品尝美食小吃,家长也希望孩子能锻炼动手能力,于是就开设了传统美食坊,让孩子自己动手做传统小吃等。

目前,国粹艺术馆内已设有14个国粹公益课程项目,包括丝绸之路、昆曲、评弹、历史故事、木刻、苏绣、传统线编、传统戏曲、京胡、武术、太极、传统美食、珠算、民歌等,分春秋两季开展活动,主要实施小班化教学,年公益惠及学员约400人次。这其中昆曲、评弹、传统线编、传统戏曲、京胡等课程先后开出收费的提高班。

(四)疑惑不解

国粹社团表面红火,项目发展却遇到新瓶颈

从发展历程来看,中心国粹课程研究还处于起步阶段,存在重实践操作,轻理论研究;重视活动创新,忽略课程研究。随着实践研究不断深入,遇到了发展瓶颈,困惑也越来越多。

理论上还有很多问题没想明白:建设国粹课程究竟意义在哪?在校外场馆开设国粹课程目标是以传授技艺为主,还是以国粹文化熏陶为主,还是有其他什么目的?国粹资源有哪些,如何分类,又有哪些资源适合研发课程,哪些国粹课程又是孩子感兴趣的?概念比较模糊,理论思考缺少。

而实践层面,很多老师困惑似乎更多。孩子及家长因国粹课程公益免费而盲目抢名额,造成真正感兴趣的孩子进不来,而部分不感兴趣的孩子抢到名额而不珍惜,还要不要坚持公益性?那又如何处理公益和收费的关系?

国粹课程开发缺少懂课程研发的教育实践家,很多国粹艺人或老师有一技之长,但他们缺少课程开发基础知识,所以中心下发的课程研究手册很多艺人及老师都表示不会写,而中心派出的科研员又缺少国粹专业技术,搞不懂专业术语,因此研究课程遇到了瓶颈。期初统一下发课程设计相关表格,内网发布的寥寥无几。以苏绣为例,任课老师为镇湖绣娘,刺绣技艺一流,教学方式为师带徒形式,现场指导,但学历不高,也没教过孩子,所以基本不懂教学目标、重难点、教学过程等,而科研员为文学老师,前往听课,又听不懂刺绣专业知识,比如滚针等术语不明白,也很难写课程开发的相应文案。

还有,国粹课程适合什么年龄孩子学习,上些什么内容,由于缺少理论指导及实践经验,只能是任课老师大概揣摩。以评弹团为例,体验班人数设置在12人,招募对象是幼儿园中班以上,体验班主要以表演的形式让孩子边唱边讲苏州话。幼儿和低年级儿童活泼好动,模仿能力强,常常老师做一个动作,他们可以模仿得很像。结合儿童的身心发展特点,在课堂教学中,通过苏州话的演唱与动作表情的配合来表演一部作品,孩子们学得有模有样。但由于招募的对象是幼儿园中班以上,学生的年龄跨度比较大,同样的内容,对于年龄大一些的孩子来说很快就掌握了,对年龄较小的幼儿就需要一段时间消化吸收。老师就希望在今后的学员招募中,有年龄段的限制,最好不要超过三个年级的跨度。另外苏州话是评弹学习的基础,会说苏州方言是首要也是重要的一步,在体验班中有三分之一的学员不是苏州本地人,在学习苏州话这方面还是有点小障碍的,只在课堂中的时间学,回到家没有说苏州话的氛围,课上的内容很容易忘记回家又没有人教。因此老师也希望在招募中,考虑到这方面的因素,招收苏州本地的学生,孩子听得懂,老师也方便教。在说故事的环节中,由于文字较多,而幼儿园的孩子不识字,很多语句都无法完整说出。希望在今后的学员招募中,招收一年级以上的学生。孩子能够认识字,学起来也更轻松。

中心管理层对于国粹课程管理也存在困惑。国粹课程不赚钱、叫好不叫座,研发课程难度很大,有这类想法的人也不少。作为中心管理者如何统一员工思想,有效推动国粹课程管理及研发,也面临挑战。国粹艺术馆内目前课程大多以单项技能传授为主,缺少综合创新类国粹课程,如何创新国粹综合课程,也需要思考。如何整合国粹艺术馆资源,最大限度激发孩子学习的兴趣与欲望,更需要研究国粹场馆制度及课程体系评价问题。

如何进一步提升与管理国粹师资队伍,也是核心问题。这支队伍里有老艺人、老专家;有教育经验的,没教育经验的;年轻的,年长的,怎样对他们分类培训,让他们能发挥长处,有效开展国粹传承教育,至关重要。以桃花坞木刻年画社为例,任课老师为大学老师,有专业的技能,但对儿童教育不熟悉,课程内容的深度、广度还不够,主要以描摹绘画为主,相对枯燥,木刻年画刻印精髓未能在课程中体现。

如何破解上述困惑与难题,中心人在思考,加入华东青少年宫教育研究与发展中心的少年宫课程开发研究课题组,承担校外国粹课程开发子课题研究就是想通过课题研究来加强理论研究,统筹理论与实践,注重微观层面的课程研究,针对问题及困惑的内在机制、本质、结构等深层次开展研究探讨,调整和改革校外国粹课程目标、结构、内容、管理模式、评价方式,构建符合素质教育要求的新的校外国粹课程体系。

二、中心国粹课程目标形成

(一) 摸石过河

心中有理念但课程目标缺失

应该来说,中心在开展国粹课程建设初期目标是不够明晰的,中心人都知道中心有国粹馆,需要开展国粹课程活动,中心有"园区人、中国心、世界眼"育人理念,而国粹活动的开展恰好符合"中国心"的理念。但对开展国粹课程活动想达到哪些具体目标,"中国心"课程理念中所需达成目标是什么,缺少规划和研究。随着国粹课程项目越来越多,活动愈发丰富,我们发现缺失核心育人目标,会导致课程及活动的开展目的性不明确。于是,中心人开始思考,开始关注课程目标的生成。

(二)救偏补弊

走向清晰,实践中思考国粹课程目标建设

起初的国粹课程目标设定主要考虑国粹的传承、技艺的传授,实施中发现目标定得偏了,抢救濒危国粹项目、掌握国粹技艺不是青少年国粹教育的主要目标,青少年国粹教育不是为培养国粹技艺传承人,更多的是要让孩子们感知、体验、欣赏国粹文化。

于是,中心结合青少年心理认知特点及苏州本土吴文化的特质,经过反复研究,制定了校外国粹课程目标,如下:1. 少年儿童通过国粹认知、启蒙普及活动,培养热爱中华优秀传统文化的感情,感受国粹文化的丰富多彩,树立民族自豪感。2. 少年儿童通过探究、体验、鉴赏、表达等方式参与系列国粹课程活动,认识了解中国优秀传统文化,感受吴文化的独特魅力,树立成为国粹文化审美者、欣赏者、跟随者的志向。

而随着课题研究的深入,中心也逐渐理清了国粹系列课程建设目标:

1. 提供理论指导。园区青少年活动中心经过五年实践摸索,国粹活动开始进入课程建设关键期。而校外国粹课程建设缺乏实用技术和理论指导,通过本研究,以课程开发的基本理论为指导,结合园区青少年活动中心校外场馆自身特点,为中心探索适切自身课程开发实践模式提供帮助。

2. 构建课程体系。以吴文化为主的国粹文化内涵丰富,外延广阔,国粹文化复兴,对内将重塑民族道德体系,对外将提升国家文化软实力。但哪些国粹内容最容易被孩子接受,且更具吴文化和中国文化代表性,这正是课题研究重点方向。

3. 形成参考案例。国粹课程是校外教育机构课程特色模块之一,是在地域文化、社会需要和各种物质条件综合作用的基础上建设的特色课程,通过苏州工业园区青少年活动中心国粹课程的开发与建设,可以为其他校外教育机构开发特色课程提供技术参考和示范案例,同时对其他类型课程开发提供参考。

三、中心国粹课程的结构构建

(一)理由固然

掌握规律,研究校外国粹课程特点

校外国粹课程作为一个主题系列课程,需要考虑课程的整体规划,所设课程需遵循学生身心发展规律,指向青少年精神成长以及国粹文化传承。基于此,中心将国粹教育作为一个整体,系统地进行课程设置。一门课程强调连续性,遵循"体验—基础—提高"规律设班,使国粹课程内容由浅入深,螺旋上升。各门课程则强调顺序性,不同课程根据课程学习特点及难易程度,针对不同年龄孩子有序开设,促进孩子可持续发展。

校外教育是开放式的教育。相比校内教育,孩子对课程有更多的选择权,他们可以根据自己的喜好选择自己喜欢的课程。因此,中心发挥灵活性、自主性优势适应地方社会发展的需求,以课程充分的选择性来适应学生的个性发展。

实践证明,提供哪些国粹课程给孩子们选择,要充分考虑当地的地域文化特色、办宫的宗旨特色、师资的实际情况及学员的需求等因素。这其中最重要的是要适合孩子。只有适合孩子需要,切合孩子实际的国粹课程才是最好的有生命力的课程。

(二) 触类而通

课程结构从"单一模式"变为"立体模式"

按照学习者学习国粹的内容、适合学习的年龄及学习的程度,中心在实践中不断总结经验,重新建构校外国粹课程的结构,并融入到课程的横向与纵向结构中。

1. 按学习者学习的国粹内容分类(横向结构)

中心围绕"园区人、中国心、世界眼"课程理念,下设八大课程中心——公益课程、音舞演艺、国际语言、科创启智、阳光运动、钢琴器乐、国际美术、国粹艺术中心。所有国粹类课程归属于国粹艺术中心,显示其课程的重要性。

中心以"中国心"为核心,以吴文化为特色,开设了以下国粹课程:

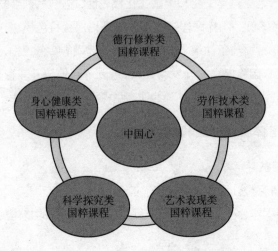

德行修养类国粹课程：孔子书院(历史小故事、儿童国学)

劳作技术类国粹课程：苏绣、珠算、桃花坞木刻年画、传统线编、传统小吃

艺术表现类国粹课程：民歌、评弹、传统戏曲(京剧、京胡)、昆曲、民乐

科学探究类国粹课程：蚕桑研究社

身心健康类国粹课程：武术、太极

2. 按学习者适合的年龄分类(纵向结构)

幼儿园中大班：珠算

小学 1—2 年级：儿童国学

小学 1—4 年级：蚕桑丝绸研究

小学 1 年级及以上：昆曲、传统线编

小学 2—4 年级：武术

小学 2 年级及以上：评弹、传统戏曲、京胡

小学 3 年级及以上：桃花坞木刻年画、传统美食、民乐

小学 4—5 年级：太极

小学 4 年级及以上：民歌、苏绣、历史故事

3. 按学习者学习程度划分(纵向结构)

体验班(零基础孩子)：历史小故事、蚕桑丝绸研究、民歌、太极、武术、苏绣、木刻、珠算、儿童国学、传统美食

基础班(参加过体验班的孩子)：评弹、传统戏曲、京胡、传统线编

提高班(参加过基础班的孩子)：昆曲、民乐

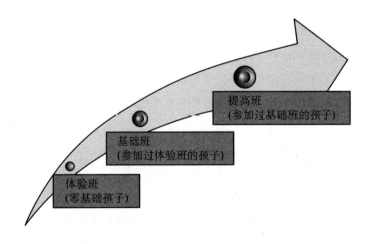

(三) 按照学习期长短及学习程度划分（纵向结构）

普及型短课程：历史小故事、蚕桑丝绸研究、民歌、太极、苏绣、木刻、儿童国学、传统美食

提高型短课程：传统线编、评弹、外出参赛国粹艺术集训组

普及型长课程：青少年国粹系列活动（每年6—10月举办）

提高型长课程：传统戏曲、京胡、昆曲、武术、珠算、艺术团民乐团及规划中的青少年国粹艺术团

四、校外国粹课程的资源开发

（一）源头活水

加大硬件建设，用好场地资源

没有基地，国粹教育无从谈起。中心建馆之初规划设计时就明确把三楼文化区域约450平方米的核心位置设置为"国粹艺术馆"。馆内以展示中国传统文化和苏州传统文化精髓为基础，设国粹大厅体验区、"国学堂"、"国艺坊"和"国韵苑"，可同时容纳100名青少年参与国粹体验活动。"国学堂"主要是孩子们参与体验传统国学如《论语》、《孟子》、《四书》、《五经》、《弟子规》以及研习书画的地方。"国艺坊"主要是孩子们参与体验苏州传统手工艺如双面绣、桃花坞木刻年画、木雕等的地方。"国韵苑"主要是孩子们参与体验昆曲、京剧的地方。整个国粹馆整体为古色古香仿古设计，软装都侧重于展示苏州传统文化以及四书五经、古琴、古筝、竹诗以及古代戏服的魅力。良好的基础设施为中心国粹活动的开展打下了很好的基础。

（二）事半功倍

借助政策力量，用好政府资源

当前，各级党委政府一直强调要对广大青少年进行社会主义核心价值观的教育。而国粹教育是非常重要的载体，要做好国粹教育工作离不开政府的大力支持。园区青少年活动中心是苏州市青少年思想道德实践教育基地，而国粹传承教育是重要内容。中心整合文明办、教育局等政府资源，通过合作，组织了一系列青少年国粹活动，形成了政府"搭台"，中心"唱戏"，广大青少年得益的良好局面，从而使国粹教育得到很好的推广。

（三）招贤纳士

聘请专家团队，用好名家资源

为了能保证国粹活动的顺利开展，中心在保证硬件建设的基础上，还特聘了苏州民俗文化馆馆长、苏州传统刺绣传人、苏州木刻大师、苏州蚕桑专家、苏州知名书

画家、苏州评弹艺术家、苏州昆曲艺术家等专家学者为特聘导师和艺术指导,定期来中心传授技艺,指导青年教师尽快成长,青年教师在大师们的指导下进步很快,这为中心长期开展推广国粹、开展国粹活动打下扎实的基础。

(四) 潜移默化

围绕推广主题,用好活动资源

国粹的推广关键是要开展一些为孩子们喜闻乐见丰富多彩的活动,让孩子们在活动中不知不觉地受到感染和教育,进而激发他们对传统文化的兴趣,从而在不知不觉中对孩子们实施社会主义核心价值观的教育和熏陶。目前,中心国粹推广活动形式主要包括三方面:

开设丝绸之路、昆曲、国学、传统手工艺等多项国粹公益免费体验项目。平时,利用双休日征集组织一部分家庭来中心免费参与体验活动,让孩子们在常态体验中接受教育。

利用春节、端午节、清明节等传统节日开展系列传统活动,如免费品尝苏州小吃,包粽子,举办清明诗朗诵,举办红红火火过大年等活动,让孩子们在活动中感受中国传统文化。

充分利用国庆节集中举办"苏州市青少年国粹文化艺术节"。艺术节由市文明办和区文明办主办,中心承办。这项活动内容丰富,除了开设十多个国粹免费体验项目外,还邀请名俗专家、国学大师开设"花季大讲堂",讲授中国传统文化,组织全市中小学生戏曲比赛,现场珠算比赛,现场书法比赛,还组织全市五十多个学校设摊展示学校传统手工艺作品。活动办得有影响,吸引了近万名家庭成员参加。

(五) 广而告之

做足宣传力量,用好媒体资源

多年来,中心推广国粹教育活动也受到社会各界的广泛赞誉和家长的极大反响。先后有十多家国家、省、市媒体对我们的工作进行报道。同时,也吸引了大量中外小朋友来一起参与活动,体验国粹文化。中心在园区网站及中心网站开辟青少年国粹教育专栏,上传国粹课录像及图片,最大限度扩大影响力。

五、中心国粹课程管理形成

(一) 耳濡目染

形成国粹课程研究共识

良好的校园文化将激励更多的员工自觉投身于国粹课程建设,为此,中心通过教科研奖励机制的完善、教师表彰活动的隆重举办、教科研经验分享会、成长季的集中培训等形式，营造以参加国粹课程建设为荣的健康中心文化，将国粹课程研究作为中心可持续发展的第一动力要素的理念根植于每个员工。国粹课题研究开展以来，越来越多的员工加入到课题研究中，专职教师分课程、环境、师资、活动四个组参与课题研究。

（二）不拘一格

创新国粹课程开发机制

1. 创新研究团队：三人小组协同发展。课题成员的研究能力直接影响课题的成果，但是国粹课程的特殊性决定了必须依托非师范类的专业人员，他们技艺精通但大多不了解教育规律。中心工作人员大多年轻，科研能力不强，为此组建由国粹任课专家、科研员和课程专家组成国粹课程研发团队，国粹任课专家老师负责具体课堂活动组织，课程专家负责完善课程设计，科研员负责课堂助教、资料整理、通联协调等工作，各自发挥特长，通过外聘与内培相结合、拜师学艺、专业培训等措施和途径切实提高教师国粹专业技能，建设一支既具有国粹专业技艺又适应本活动中心开展青少年国粹文化活动的特色师资队伍。

2. 创新培训提升：互动实践团队共赢。由于国粹课题研究内容的特殊性，因此必须探索个性化的研究团队培训方法以适应课题发展，一是通过拜师学艺、一一传授等措施切实提高教师国粹专业技能；二是通过成长季活动，每年一个季度的集中培训、技能比拼、小结反思有效提升团队的教育教学能力；三是加快教育科研一体化建设，把教研活动与科研活动有机结合，不断提高项目教研的质量，建立学习研讨制度，把专题学习、集体学习和自学阅读有机结合进来，打造一批教育思想先进，有一定理论水平、研究能力和组织能力，熟悉教育科研方法的科研积极分子。

3. 创新管理机制：课题成果集体共享。科学完善的教育科研管理制度的建立，是国粹课题得以顺利开展的基本保障，为此，课题组重点形成了四套制度，一是建立并完善科研课题管理制度。保证课题在选题、立项、开题、中期管理阶段成果汇报、结题、鉴定等环节上严格规范取得明显效果；二是建立并完善科研学习培训制度。每学期精选一部教育理论书籍、收集两辑理论学习资料供广大教师业余学习，每学期开设专题培训讲座，定期组织外出学习培训，每位教师都有学习心得笔记，专职人员定期查阅；三是建立并完善科研成果评价奖励制度。制定教育科研业绩与评优评先晋级合理挂钩的具体措施；四是建立并完善科研信息管理制度。主要包括与课题相关的信息收集,信息的积累和储存,信息的发布、交流和利用等。

(三)群策群力

建构国粹课程研究网络

校外的课程研究要彻底改变仅仅依靠专职人员的模式,利用一切可整合的资源,调动社会、家庭、社区力量,建构更为完整的课题资源网络,吸引更多的社会人士参与国粹课程的研究。首先中心尝试利用民间组织的资源,与苏州民间文化艺术交流中心签订协议,负责部分国粹各项目老师的引入与管理,宋锦传承人、吴歌老专家、苏昆表演家、苏绣绣娘等一批国粹专家相继担任国粹课程主教,为课题奠定了良好的基础。其次吸纳更多的课题专家,一些刚刚退休的资深德育干部、少先队总辅导员、资深研究员加盟到研究中不断引领。此外,还面向社会招募志愿者团队,学生、家长甚至外国友人都参与其中,发挥合力。

六、中心国粹课程实施举措

(一)百年大计

始终高举公益大旗

园区青少年活动中心作为政府教育配套设施,坚持公益性是一贯秉承的原则,因此,国粹课程的实施过程中,我们坚持发扬光大这样的理念,以保证课程的纯粹性。目前,课程服务对象通过网络报名、现场面试、免费授课的形式。网络报名可以扩大影响力,体现公平性;现场面试主要是有些项目如京胡、评弹等对学生有一些特殊要求;免费授课不仅免学费还免材料费。因此,自第一个国粹"丝绸之路"课程开发研究以来,学生集体验、感受、操作于一体,在做中学、学中悟,受益匪浅,也真正体现了办人民满意的校外教育的思想。

(二)乐在其中

一切从孩子兴趣出发

孩子不感兴趣的国粹课程是没有生命力的。园区青少年活动中心在选择国粹课程项目上也走过弯路。通过前期了解苏州传统戏曲传承现状,听取了专家意见,选择了濒临灭绝的苏剧,结果一年后公益招募无人问津,因为唱腔吸引不了孩子,孩子不感兴趣。实践证明,抢救濒危国粹项目,不是校外教育主要任务,文化专家、管理者、老师不仅要关注国粹的传承,更要考虑课程是否适合孩子,孩子是否感兴趣。可行的做法是在选择国粹课程时要充分开展调查访问,做好课程宣传,开展国粹体验,让更多的孩子了解国粹课程,喜欢上国粹课程。国粹课程要顺利开展,招募学员环节必不可少。一般要在开班前提前一个月发布招募公告,内容包括招募要求、课程介绍、对象年龄、授课时间等。公告发布后,可以组织现场招募,也可以网上报名,但都需要现场报名验证。因为实际报名中,不少家长为了抢名额而显得盲目,所以增加现场验证,部分课程组织面试,能保证学员不误报。

(三) 量体裁衣

适合的才是最好的

自己的校外场馆适合开哪些国粹课程,有没有能力持续开展国粹课程,相应国粹师资,国粹教学的场地是否齐备,自己场馆开设的国粹课程是否与场馆整体文化、育人目标相一致,是否与本土文化相融合。这些都是选择课程应该考虑的因素。园区青少年活动中心地处苏州工业园区,传统和现代文化的相融相生,就是该区域的特色。中心把握这一区域文化背景,提出了"园区人、中国心、世界眼"的育人目标,国粹课程就指向于"中国心"这一育人目标。

(四) 丰富多彩

多元评价见证快乐成长

国粹课程的多样性决定了无法用统一的标准进行课程的检测评估,积极探索校外评估的策略与方法也是本课题的价值所在,在研究中努力倡导校外课程评估的多元化与开放性。一是体现在评估者：由专家、管理人员、家长、社会认识等参与的多角度评估；二是体现在评估方法上：包括常态课堂评估、教案方案文字评估、说课评估、学生展示等在内评估的多维度；三是体现在评估场所：教育教学的课堂、社会实践的现场、表演的舞台、社区广场的展示等评估的多方位。

在进行国粹课程方案设计的时候,常常会采用多元评价,通过不同评价方法的组合进行学员、教师、课程的评价。1. 兴趣调查表。可以获得学员对于不同项目主题兴趣信息。家长问卷调查评价对老师、课程的满意度。2. 表现性评价。能用来评估教师教学、学员学习的表现性评价,是多种多样的,如公开教学、学员登台展示、作品展览等。我们就提出了"学生人人上台展示、教师个个公开教学"的口号,五年来形成了一种常规化的活动。3. 多元化评价。教师在对学员进行评价时能灵活使用多种评价方法。除了作为总结性评价的素质报告单、奖状之外,教师在日常的课堂中也能用档案袋评价法来记录学生的学习过程以及反思,并且能够改编或制定量规来保证课程评价的信度。另外,老生的续读率也是评价该课程的重要指标。

七、中心国粹课程师资建设策略

(一) 筑巢引凤

广开渠路，组建校外国粹教师队伍

校外国粹课程丰富而多样，有我们熟悉的、普及性较强的项目，比如围棋、书法、国学等，也有我们不怎么熟悉、受到一定保护的，比如昆曲、苏绣等项目。国粹课程的这一特质，也使得国粹教师队伍来源变得更复杂。

园区青少年活动中心有18个国粹社团，学员近千人，国粹任课教师24人，其中中心专职国粹教师5人，合作单位、文化单位派出国粹兼职教师14人，国粹名家工作室5人。具体见下表：

	社团名称	性质	班级数	学员数	教师数	教师来源
1	围棋社	收费	24	331	4	合作单位派出
2	国画社	收费	5	73	1	合作单位派出
3	书法社	收费	9	149	2	合作单位派出
4	小评弹团	公益+收费	2	14	2	国粹名家工作室
5	传统戏曲社	公益+收费	2	27	1	国粹名家工作室
6	京胡社	公益+收费	2	13	1	
7	小昆剧团	公益+收费	2	48	1	国粹兼职教师
8	传统线编社	公益+收费	2	24	1	国粹兼职教师
9	儿童国学社	公益	1	12	1	国粹兼职教师
10	历史故事社	公益	1	12	1	国粹专职教师
11	苏绣坊	公益	1	12	1	国粹兼职教师
12	蚕桑丝绸研究社	公益	1	15	1	国粹兼职教师
13	木刻年画社	公益	1	12	1	国粹名家工作室
14	太极社	公益	1	12	1	国粹专职教师
15	武术社	公益	1	15	1	国粹兼职教师
16	传统美食坊	公益	1	10	2	国粹专职教师
17	民歌社	公益	1	15	1	国粹专职教师
18	珠算社	公益	1	16	1	国粹兼职教师

——**与机构合作，引入多样国粹课程师资**。中心与苏州民间文化艺术交流中心签订合作协议，负责国粹各项目老师的引入与管理。宋锦传承人、苏绣绣娘等一

批国粹艺人相继来到中心,致力于开展国粹课程教学,国粹教师团队日渐壮大。老前辈、老专家倾力传授,率先垂范,亲力亲为传授青少年国粹技艺,起到了很好地示范作用。

——**与名家合作,引入稀缺国粹项目师资**。中心与评弹大师合作,成立青少年评弹艺术工作室,在中心举办小评弹团,与桃花坞木刻传承人合作成立木刻年画工作室,与戏曲家合作成立传统戏曲传承工作室,致力开展青少年国粹艺术传承教育。虽然这些大师名家工作事务繁忙,并不一定能保证每周一次亲临传授技艺,而更多时候让徒弟、青年演员来任教,但他们不定期地来到中心,与社团孩子见面、授艺,让孩子们能领略大师风采,零距离接触,在孩子们幼小的心里播下国粹的种子,影响无疑是巨大的。

——**挖掘自身潜力,打造国粹专职教师队伍**。要让中心国粹课程不断发展,光靠外援也是不行的,需要中心挖掘自身师资潜力,发展国粹专职教师。调查摸底,了解员工特长。音乐专业出身的,擅长民歌演唱的执教民歌社;喜欢历史,平日里爱和人聊历史、讲历史的执教历史小故事社;体育专业毕业,特长打太极拳的,创办太极社。传统美食坊的老师则来源于中心的会计和后勤员工,虽然不是老师出身,但一位是老苏州,熟悉苏州传统小吃,一位是新苏州,酷爱美食,喜欢品味美食,上起课来优势互补,孩子喜欢。

(二)因材施教

推动校外国粹教师专业成长

中心重视对校外国粹教师的培训,采取具体措施帮助其成长。1. 资金支持,形成保障机制。真正的国粹在民间,建立合理有效奖惩机制,促使国粹项目持续健康发展;另外不定期地组织教师走出去采风,感受、学习国粹文化的魅力,丰富教师内在的专业素养。2. 专家讲座,奠定理论修养。思想是行动的先导,理论是实践的指南。通过邀请专家来中心讲学,传递优秀的国粹历史文化知识,介绍国粹领域的历史渊源和文化底蕴,让亲临一线的国粹教师在理论上和思想上提高认识,从而为国粹教学提供理论保障。3. 以身试教,提升业务能力。榜样的力量是无穷的。通过专家的以身试教,国粹教师面对面的感受国粹的艺术魅力,从而提升教师的业务水平。4. 青蓝工程,传递接力棒。传帮带,促使教师专业快速成长。开展国粹师资青蓝工程建设,发挥传帮带的优势,促使教师业务快速成长。

案例三 整合场馆资源

开发校外科技教育活动课程的案例研究

一、背景

几经整合的上海市浦东新区青少年活动中心是我市、乃至于全国各区县校外教育机构(少年宫、青少年活动中心)中规模最大、服务范围最广的综合性青少年校外活动场所之一。中心以"开发全脑,挖掘潜能,培养兴趣,发展个性,锻炼能力,激励创新"为办学理念,以"学生的终生发展"为教育目标,始终坚持"以人为本,德育为先,能力为重,全面发展"的教育要求,广泛开展青少年科技、艺术、体育等素质教育活动。自2012年暑期,浦东新区青少年活动中心开始推行全免费的校外教育,尝试实行纯公益性转型,经过三年的努力,中心已初步探索出了一条实行全免费校外教育活动的发展道路。

自2009年开始,在当时浦东新区社会发展局的领导下,中心开始了浦东新区青少年科学与技术中心建设的实践研究,其目的是:依托青少年活动中心和高校专家的力量,在区域层面构建起学校、中心、社会三位一体的青少年校外科技教育新模式,以弥补学校教育研究型课程和拓展型课程实施不力以及青少年活动中心长期以来无法提供有效的校外教育活动课程的陈科弊端。青少年科技中心的建设坚持课程先行的策略,在注重课程研发的过程中,积极探索与社会科技场馆资源的整合,始终坚持课程研发和实践完善同步进行,实现浦东青少年校外科技教育的新发展和新突破。

有效整合社会科技场馆资源,丰富和完善科技中心课程体系建设,实现内容创新、形式创新是科技中心课程建设的重大举措之一。当前,浦东新区是我市行政区域面积最大的区县之一,基础教育规模占全市总量的1/5;同时,获得上海市科学技术委员会审核认可的科普教育基地也最多,共计 48 家,如上海科技馆、上海海洋水族馆、上海电信信息生活体验馆、上海银行博物馆等,大大超越其他各区,资源优势极其明显,但是长期以来,受到体制机制的制约,未经整合的这些机构各自为政,在推进青少年科普工作中举步维艰,缺乏统一课程体系基础的青少年校外科技教育发展也受阻严重。

二、过程

(一) 需求分析

根据浦东新区青少年科学与技术中心建设方案以及课程方案,青少年活动中心对于自身的课程资源进行了深入细致的调查研究,我们发现青少年活动中心拥有长期从事校外科技教育的教师队伍,拥有一部分可用于课程实施的硬件条件,如:机器人活动室、多媒体电子教室、环境教育活动室等,但是这些硬件资源与科技中心课程方案中提出的课程目标和课程要求比较而言显得明显不足。

于是,我们将目光投向更加广阔的社会科技场馆资源。通过初步调查,我们发现社会科技场馆无论在活动内容的丰富性,还是专业化程度,都具有我们所无法比及的优势,虽然这些场馆资源在系统化课程建设以及科学管理、有效运行等方面略显薄弱,但是这些客观条件的限制,都无法掩盖我们中心与这些场馆资源的共同价值认同,即:让更多的青少年学生走入场馆,走近科技。

因此,在充分利用自有资源的基础上,有效地整合社会科技场馆资源,将这些优质的科技教育资源的作用充分地发挥出来,架起中小学校和社会科技教育资源的桥梁,创设让学生从"学校小课堂"走向"社会大课堂"的平台成为了青少年科技中心建设的重要指导思想之一,这既是科技中心建设的需要,也是青少年活动中心作为区域内综合性校外教育活动场所的职责所在。

(二) 现状调查

我们成立专门调查小组,从课程开发的实际出发,对浦东新区现有的场馆资源进行了全面的调查研究。调查对象涉及全国级、市级、区级各级场馆,涵盖生物、环境、交通、动漫、人文、微电子高科技等多个科学领域,调查内容包括科普场馆基本信息、科普场馆开展科技教育活动服务情况、科普场馆科技教育活动建设以及取得的经验、遇到困惑和建议等。

通过调查我们发现:

1. 浦东新区拥有的科技场馆资源极其丰富。根据《关于下发 2013 年—2014

年上海市科普教育基地名单的通知》(沪科〔2013〕234号)文件,浦东新区获得上海市科学技术委员会审核认可的科普教育基地中,有综合性科普场馆2家、专题性科普场馆10家、基础性科普教育基地36家。

2. 浦东新区科普场馆涉及的学科领域极其广泛。我区的科普场馆资源主要涵盖生命科学、地质科学、环境科学、物理科学、信息科技、金融和航海行业等等,其中距离浦东新区青少年活动中心仅百步之遥的上海科技馆本身就是一个相对比较综合的青少年校外科技活动的场所;同时,这些科技场馆分布也呈横向线状分布,东部、中部和西部相对较为集中,非常有利于青少年校外科技教育活动的开展。

3. 重视青少年科普活动的程度较高,具有良好的工作基础。根据调查,我们发现,我区的这些场馆普遍比较重视青少年学生群体的科普工作。很早以前,这些场馆就与我区中小学校联合,开展青少年科学普及教育活动,如:上海市银行博物馆采用与学校联合共建的形式,与我区东昌中学、协和双语学校、由由小学等开展活动;上海电信信息生活体验馆结合"六一"儿童节、寒暑假、全国科技活动周、全国科普日等活动日,举办适合青少年参加的科普参观活动……

4. 科普场馆对青少年科学素养培养的认识尚显不足。从问卷排序(见下表)看,认为科普场馆首先是传授科技知识的占42.9%,其次认为是拓宽学生视野,激发好奇心和培育学生对科技的兴趣、动机和理想的分别占28.6%;从选项的数量来看,认为是传授科技知识的占28.6%,认为是拓宽学生视野,激发好奇心和培育学生对科技的兴趣、动机和理想分别占23.8%,认为提高学生动手实践能力和培养学生创造性思维能力的仅占9.5%,认为帮助学生掌握科学研究方法的仅占4.8%。

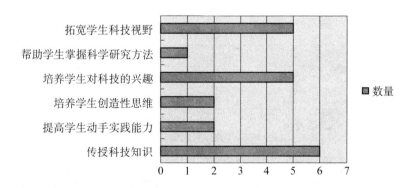

认识上的不足,导致了这些场馆活动内容简单,活动形式单一,缺乏创意,难以满足青少年学生持久的探究兴趣,活动覆盖面普遍不高。调查显示,有些科普场馆

年接待总量高达 24.53 万人次,可青少年人群只有 2.3 万人次,仅占 0.09%;最高的科普场馆年接待量 7 万人次,青少年人群仅为 3.9 万人次……

(三) 试点探索

根据现状的调查,我们基本确定了以下三个整合目标:一是提高社会科技教育资源在青少年活动中价值和作用的认识;二是加强场馆资源的整合与开发的力度;三是开发校外科技教育活动课程体系,提高场馆资源与科技教育课程体系的契合度。

我们从上海市科学技术委员会的每年考核及检查要求和场馆资源对于青少年科学与技术中心课程开发的适切度出发,着重选择了以下 12 家科普场馆(见下表)和 Panasonic(上海)公司作为科技中心建设以及科技中心课程开发的战略合作伙伴。

表一:浦东新区科普教育基地(入选部分)一览表

序号	名称	主要学科领域	类别	适合青少年年龄段
1	上海海洋水族馆	生命科学	民营	1—3 年级
2	上海东方地质科普馆	地质科学	民营	4—5 年级
3	上海环保科普教育基地	环境科学	公办	4—5 年级
4	上海科技馆	综合性科学	公办	4—12 年级
5	上海中医药博物馆	生命科学	高校	4—5 年级
6	上海电信信息生活体验馆	信息技术科学	行业	6—9 年级
7	上海磁浮交通科技馆	交通运输科学	行业	6—12 年级
8	上海市银行博物馆	金融历史科学	行业	6—12 年级
9	上海集成电路科技馆	信息技术科学	行业	4—9 年级
10	上海风电科普馆	物理科学	行业	6—9 年级
11	上海动漫博物馆	信息技术科学	行业	1—9 年级
12	上海中国航海博物馆	交通运输科学	公办	4—12 年级
13	Panasonic(上海)公司	环境科学	行业	4—5 年级

我们从遵循科技逻辑和青少年心理、认知发展规律出发,坚持儿童为本、生活取向和探究取向的课程理念,建构科学与技术中心的课程体系,课程体系包含物质世界、生物世界、数学世界、科学技术与社会和科技史等五大领域,下设相应模块,每个模块下设计活动专题,丰富的科技场馆资源为课程开发与实践提供了强有力的保障。

截至目前,我们已尝试整合利用了 5 个社会优质场馆资源,创设了 5 个主题模块,设计了 18 个活动专题(详见表二)。

表二:浦东新区青少年活动中心科技教育活动课程

领域	主题模块	场馆名称	活动专题
生物世界	海洋生物	上海海洋水族馆	活动一:参观海洋水族馆;活动二:小小水族师;活动三:水族馆探索游;活动四:反串小导游;活动五:幕后游览、喂食表演;活动六:水族馆双语游;活动七:我是水族师
	中医药	上海中医药博物馆	活动一:学习新知;活动二:实践操作
物质世界	自然地质	上海东方地质科普馆	活动一:认识地球;活动二:认识矿石;活动三:防震减灾演习活动
科学技术与社会	水资源	上海环保科普教育基地	活动一:认识日益严重的环境问题;活动二:水的循环利用
	环境科技	Panasonic(上海)公司 ECO 环境小卫士	活动一:"阳光宝盒"制作;活动二:环境保护校园行活动;活动三:环保知识竞赛;活动四:环保时装秀活动

(四)形成机制

整合科普教育资源对青少年开展科技教育活动是一项系统工程,需要依靠多方力量,加强统筹和协调。政府部门、科普教育基地、青少年活动中心、学校之间加强沟通,取长补短,才能形成以政府为主导,社会为补充的多元、有效的运行机制。

作为整合场馆资源的发起者与组织者,青少年活动中心理应承担起统筹协调、资源整合、课程研发的重任。我们建立了由区青少年科普促进会、区科协、市、区科普教育基地联合会、科研院所等成员组成的专家团队,由一线科技辅导员、科技教师、科普教育基地的相关人员组成志愿者队伍,不断统一思想,明确目标。我们分别从课程资源的筛选、科技活动课程的开发、管理流程的优化、课程活动的评价、学生的组织与管理等方面逐渐形成保障机制,确保整合工作产生 1+1>2 的效能。

三、模式

(一)筛选原则

1. 一致性原则。根据区科协提供的相关数据,紧紧依托浦东新区科普基地联合会(民非机构),以位于浦东新区的科普基地为重点,立足浦东,放眼全市,选择部分工作热情高,热衷于青少年科普工作的科普场馆作为整合对象。

2. 统一性原则。根据科技中心课程方案的规定，课程内容分为物质世界、数学世界、生物世界、STS 和科技史等五大领域，入选的 12 家科普场馆和 Panasonic（上海）公司基本覆盖了上述五大课程领域。

3. 适切性原则。入选的科普场馆，除了满足上述条件外，还须考量场馆的适切性，即：是否有符合学生开展校外活动的时间、空间、环境以及安全等基本要求，考察场馆是否能满足青少年学生的活动需求。

4. 公益性原则。不同种类和性质的科普场馆，其日常开展科普教育活动的公益性程度也不尽相同，我们在挑选科普场馆的同时，与科普场馆进行深入细致沟通和交流，把公益性原则作为双方协商的重要基础之一。

（二）整合模式

根据科技中心的建设方案和课程方案，整合场馆资源开发校外科技活动课程主要有以下三种形式：

1. 自上而下式。由上级主管单位和领导牵线搭桥，引入优质资源，与中心密切合作，开发活动课程，Panasonic（上海）公司与中心的合作就是一个典型的案例。2009 年秋，在中心主管单位，浦东新区社会发展局教育处的牵头下，包括松下微波炉、松下等离子电视机在内的 7 家 Panasonic（上海）公司与我中心签订了开展青少年环境教育的合作协议，在环保技术、活动经费、志愿者服务等方面给予了我们大力支持，ECO 环境小卫士学院迅速得到建立。该项目运行至今已 5 年有余，在推进我区青少年环境教育过程中起到了重要作用。

2. 自由结对式。科普场馆和中心虽然工作业务和主管单位不一致，但是服务全体少年儿童的目标是一致的，因此在整合过程中，青少年活动中心成为科普基地联合会一份子，并成为理事，中心的分管主任成为秘书处成员，极其有效地解决了原先客观存在的沟通难题，在邀请了全区 48 家科普基地负责人开展青少年科普教育研讨会之后，合作双方对于合作的价值和意义有了更加深入的了解，确保了资源整合，优势互补。例如：地处陆家嘴地区的上海海洋水族馆，在与中心进行深入沟通后，海洋生物方面的活动课程也研发成功，并开展了课程实践，取得了双赢。

3. 主动衔接式。目前科普场馆遇到最大的问题是利用效率普遍不高，造成资源闲置。对于这些场馆而言，希望每年有更多的青少年学生能去场馆实地开展科技活动。所以，一方面科普场馆资源利用率不高，另一方面青少年学生具有旺盛的求知欲，两者形成了巨大的落差。在了解了青少年科技中心的建设目标后，一部分科普场馆积极主动地要求参与到课程的研发与实施之中，有效地确保了课程的研发。

四、流程

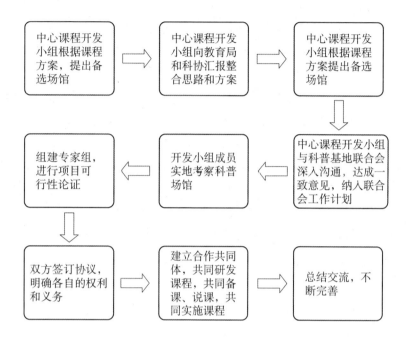

五、问题与启示

(一) 问题

1. 缺乏有效的制度保障。整合场馆资源,开发青少年校外科技教育活动课程,关键在于合作双方的诚意和决心。整合场馆资源的瓶颈问题是合作双方的上级主管单位各不一致,工作目标也不尽相同,因此导致了长期以来大家各自为政,单打独斗,难以形成良好、持久的合作关系。因此,双方整合的成功,更多依靠的是双方工作之外形成的良好的伙伴关系。缺乏有效的外部制度保障,尤其是难以形成长效机制是当前存在的最大问题。

2. 合作双方在对待课程的认识程度上不相一致。科普场馆隶属于科委科协领导,长期以来,科普场馆以国家规定的未成年人、农民、公务员和城镇劳动人口等四大人群为主要对象,科普活动主要采用类似半日游、一日游的形式,评价的标准主要以"量"为主,即以参与活动的人数多寡为主要指标,而不像科技中心提出的以课程为载体,评价的标准也以"质"为主,以培养青少年学生的探究意识和创新能力为终极目标。

（二）启示

1. 整合社会场馆资源能有效弥补科技中心的资源不足。与青少年活动中心相比，科普场馆拥有十分专业的学科背景，能有效地化繁复的科学知识和科学原理于简单的器材展示和演示之中，资源整合能有效地提高资源的利用效率，实现效益最大化。

2. 整合社会场馆资源能有效提升区域内青少年科技实践活动的层次与水平。资源整合，能有效地拓宽学校和学生对于科学探究的视野，为青少年创新能力的培养奠定扎实的基础；同时，双方的整合，也进一步提高了课程开发人员的综合能力，从而有效提升了我区青少年校外科技教育的层次和水平。

3. 整合社会场馆资源能进一步宣传和展示青少年活动中心的工作内容和社会形象。在整合过程中，青少年活动中心作为活动的策划者和组织者，在开发校外科技教育课程中，与各个科普教育基地建立了十分友好的合作关系，此举也让各个科技场馆更好地了解青少年校外教育，了解青少年活动中心，为双方成为持久而有效的战略合作伙伴提供了保障。

后记：回家

在猴年春节来临之际，《少年宫教育课程建设指导手册》完稿了，这也意味着开展了两年多的《少年宫教育课程建设研究》课题即将结题。两年来课题组研讨的点点滴滴都一下子浮现在了脑海中……

如果说少年宫教育是中国特色社会主义教育的产物，那么从六十多年前诞生开始，她就一直跟随着"大哥"学校教育在琢磨着自己的出身、探索着自己前进的路途。六十多年来她辉煌过，也受过挫折、迷茫过。步入新世纪，"大哥"学校教育开始进入变革期——课程改革时代，步入了"为了中华民族的复兴，为了每位学生的发展"的追寻教育本质的回归之路。在这转折的十字路口，少年宫系统的同仁们从新世纪伊始也开始不断思索少年宫教育的何去何从。2013年9月，中国福利会少年宫、上海浦东新区青少年活动中心、无锡市少年宫、苏州工业园区青少年活动中心的十多位领导、骨干教师们汇聚在上海华东青少年教育研究与发展中心，一起商定要开展"少年宫教育课程建设研究"，为少年宫教育跟上时代发展步伐走回真正的教育之家做些前行探索。

我们很幸运，从研究伊始到研究结题，始终获得了一些有建树、有热情的领导与专家的支持、帮助与指导。以艾柏英老师为理事长的华东青少年教育研究与发展中心理事会给予了研究经费上的绝对保障；中国福利会副巡视员、中福会少年宫主任陈白桦老师在工作协调与政策支持上支撑推动了研究的进展；一直关注校外少年宫教育的我国著名的教育社会学家、清华大学谢维和教授，不仅多次参与课题研讨，关注课题研究进程，而且亲自执笔为课题研究阶段性成果《隐形的"跑道"——少年宫教育课程设计案例集》和本书撰写序言，将自己最新的教育研究思考与大家分享……我们还很有幸地找到了被誉为课程与教学研究领域"国家队"的教育部基础教育课程研究华东师大中心崔允漷教授团队，获得了一批专家的指点。其中一直致力于校本课程研究的吴刚平教授更是带着他的几位研究生全程参与了课题组的每次集中研讨活动，悉心听取大家的工作推进情况、遇到的困惑，及时耐心地从理论与实践操作上给出权威而又接地气的点拨。

我们很努力，两年来坚持几乎每月一次的课题组专题研究，22次，从没有缺席过。在这个学习共同体里，大家在专题活动中分享交流研究进展、集中学习课程理论、共同设计解决瓶颈问题的方法；平时自学学术书籍、深入实践试行探索、撰写思考随笔……从开题论证到中期推进再到结题准备，每一步都走得很坚实、很用心！每个人也从中收获了自身专业上的成熟与成长。

这本小册子也是作为中国福利会重点课题、上海市教育科学研究项目(项目编号 B14149)《少年宫教育课程建设研究》课题两年来的研究成果。我们相信虽然这只是一次区域合作研究尝试的产物，或许还有许多不完善的地方，但这也是一次起步，是少年宫教育在课程建设领域的初次探索研究。我们期望，我们的尝试能为有志于少年宫教育课程建设的各位同行提供一种视角、一种方式、一种参考。我们更期望能对各位建构自身少年宫的课程建设有所启示和促进。

本书的撰稿具体分工如下：第一部分：张昱瑾；第二部分：第一章、刘登珲、张昱瑾，第二章、张昱瑾，第三章、张昱瑾、邓卓，第四章、张昱瑾，第五章、邓清文、张昱瑾；第三部分：案例一、程宏强、尤敏红、韩国强，案例二、吴剑清、傅寿松、赵勇，案例三、蒋倩、林斌、阮燕萍。孙成成、陈丹青、如合亚木·海排提、赵小华参与了第二部分中课程设计案例的改写修订工作。陈敏、周建中参与了书稿的审读工作。全书由张昱瑾负责统稿。

感谢课题组各位成员的认真投入！感谢中国福利会少年宫、上海浦东新区青少年活动中心、无锡市少年宫、苏州工业园区青少年活动中心所有领导、老师对本项研究的鼎力支持与积极配合！感谢华东校外同行们对本项研究的热情关注与积极建言！更要感谢康丽颖教授、赵中建教授、刘良华教授、傅禄建老师、赵才欣老师、葛大汇教授、周文叶副教授在研究进程中对我们的指导与建议！

"世界再大也要回家"——这是中国人的春节情结。在农历新年之际，写这篇后记，周边环绕着浓浓的回家之情……回家，少年宫教育也正走在回归教育之家的路上，我们已启程！少年宫教育课程建设也永远在前行的路上！没有最好的课程，只有更好的课程！因为我们都有一个共同的愿景：建构一种对话、合作与探究的课程文化，努力把一种开放、民主、科学的少年宫教育课程奉献给中国的少年儿童。

我们愿与所有有志于课程研究的少年宫教育的同仁们一起努力，共同追寻美好！祝愿少年宫教育的明天更加辉煌灿烂！

  本书的及时出版也离不开华东师范大学出版社心理教育分社社长彭呈军老师及其团队高效且专业的工作，在此也表示感谢！

  出版工作也得到了上海宋庆龄基金会在经费上的部分资助。

张昱瑾

2016年2月7日

参考文献

[1] 柴田义松.《教育课程》[M].有斐阁 2000(163)

[2] 钟启泉.现代课程论[M].上海:上海教育出版社 2012(3)

[3] 张华.课程与教学论[M].上海:上海教育出版社 2013(10)

[4] 吴刚平,徐佳.权力分享与责任分担——转型期西方教育校本化思潮及其启示[M].山东:山东教育出版社 2011(10)

[5] 中国青少年研究中心编.百年中国儿童[M].北京:新世纪出版社.2000(10)

[6] 许德馨.少年宫教育史[M].海南:海南出版社.1999(10)

[7] 徐高虹.课程规划:学校层面的课程实施.教育发展研究[J].2008:15—16.

[8] 崔允漷.学校课程规划的内涵与实践.上海教育科研[J].2005(8):4—6.

[9] 张相学.学校课程规划的目的、内容与实施.教育理论与实践[J].2009(9):48—51.

[10] 靳玉乐,董小平.论学校课程的规划与实施.西南大学学报(社会科学版)[J].2007(5):108—114.

[11] 和学新,乌焕焕.学校课程规划:动力、向度与路程.中国教育学刊[J].2011(2):36—40.

[12] 张相学.学校课程规划的依据、原则与过程.教学与管理[J].2009(12):6—8.

[13] 骆玲芳,崔允漷.学校课程规划与实施[M].上海:华东师范大学出版社,2014.

[14] 施良方.课程理论——课程的基础、原理和问题[M].北京:教育科学出版社.1996:123.

[15] 廖哲勋.课程学.[M]湖北:华中师范大学出版社.1991:64.

[16] 林智中.陈建生.张爽.课程组织[M].北京:教育科学出版社.2006:20.

[17] [美]泰勒著.施良方译.课程与教学的基本原理[M].北京:人民教育出版社.1994:67:78—80.

[18] 钟启泉. 现代课程编制的若干问题[J]. 教育研究. 1989:5.

[19] 廖哲勋. 课程学.[M]湖北:华中师范大学出版社. 1991:67—68.

[20] 郭晓晖. 课程结构——一种原理性探寻[M]. 湖南:湖南师范大学出版社. 2002,40.

[21] 张华. 课程与教学论[M]. 上海:上海教育出版社. 2000,232—233.

[22] 和学新. 课程改革要致力于课程结构的改造和完善[J]. 课程教材教法 1997(10),11—14.

[23] 崔允漷. 第二届"真爱梦想杯"全国校本课程设计大赛学术研讨主题演讲《提升校本课程方案的专业性》. 2014—4.

[24] 刘登珲. 走向专业化的校本课程设计——第二届"真爱梦想杯"全国校本课程设计大赛学术研讨会会议综述.[J]. 基础教育课程. 2014(8). 32.

[25] 第二届"真爱梦想杯"全国校本课程设计大赛评审标准

[26] 力翰元智科学《绿能机关王》课程、《火箭特战队》课程

[27] 中国儿童中心编. 校外教育学[M]. 北京:学苑出版社. 2002.8

[28] 黄崴. 教育督导学[M]. 北京:中国人民大学出版社,2011,(1). 378.

[29] 张相乐,郑传芹主编;熊德明,王世牧,宋少雄等副主编,教育学[M],河北:河北大学出版社,2012.06

[30] 柳海民主编,现代教育学原理导论[M],北京:高等教育出版社,2013.09

[31] 叶澜. 新世纪教师专业素养初探[J]. 教育研究与实验,1998.1

[32] 戴晓菊,代建军. 论课程督导的基本理念[J]. 徐州师范大学学报(教育科学版),2012.3

[33] 戴晓菊,代建军. 课程监控视域下的课程督导研究[J]. 教育理论与实践,2012,32(28).

[34] 金建生,王嘉毅. 论教师的课程素养[J]. 新课程研究. 2006.1

[35] 卢真金. 教师专业发展的阶段、模式、策略再探[J]. 课程·教材·教法. 2007.12

[36] 徐祖胜. 美国教师课堂教学督导的实践研究[D]. 重庆:西南大学硕士学位论文. 2008.4

[37] 郝敏宁. 影响教师专业发展的因素分析——兼论促进教师专业发展的策略[D]. 陕西:陕西师范大学,2007

[38] 干中男. 基础教育课程监控机制——一个亟待关注的课程研究领域[D]. 上海:上海师范大学硕士学位论文,2009.71.